모든 언어는 평등하다

지구상의 모든 언어는
인류 공동체 문명 발전의 발자취입니다.
힘이 센 나라의 언어라 해서 더 좋거나 더 중요한 언어가 아닌 것처럼,
많은 사람들이 쓰지 않는 언어라 해서 덜 좋거나 덜 중요한 언어는 아닙니다.

문화 다양성에 따른 언어 다양성은 인류가 서로 견제하고
긍정적인 자극을 주고받으며 소통, 발전할 수 있는 계기가 됩니다.
그러나 안타깝게도 현재 일부 언어가 '국제어'라는 이름 아래
전 세계 사람들에게 강요되고 있습니다.

언어평등의 꿈은 전 세계 모든 언어를 학습할 수 있는 어학 콘텐츠를
개발하는 것입니다. 어떠한 언어에도 우위를 주지 않고, 다양한 언어의 고유
가치를 지켜나가겠습니다. 누구나 배우고 싶은 언어를 자유롭게 선택해서
배울 수 있도록 더욱 정진하겠습니다.

언어평등은 문예림의 아날로그와 디지털을 아우르는
어학 콘텐츠 브랜드입니다.
60년째 언어 생각뿐.

언어평등 시리즈
첫걸음

언어평등은 누구나 평등하고 자유롭게 전 세계 모든 언어를 학습할 수 있도록 여러분과 함께 할 것입니다.

네팔어는 인도·유럽어족의 인도-아리아어군에 속하는 언어이다. 네팔과 부탄, 인도 일부에서 사용하고 있으며 데바나가리 문자로 표기한다. 네팔에서 네팔어를 사용하는 인구는 약 2,000만 명이 네팔 주변국에 거주하는 네팔인과 여러 나라의 네팔 이민자를 고려하면 전 세계 네팔어 사용자는 더 많을 것으로 추산된다.

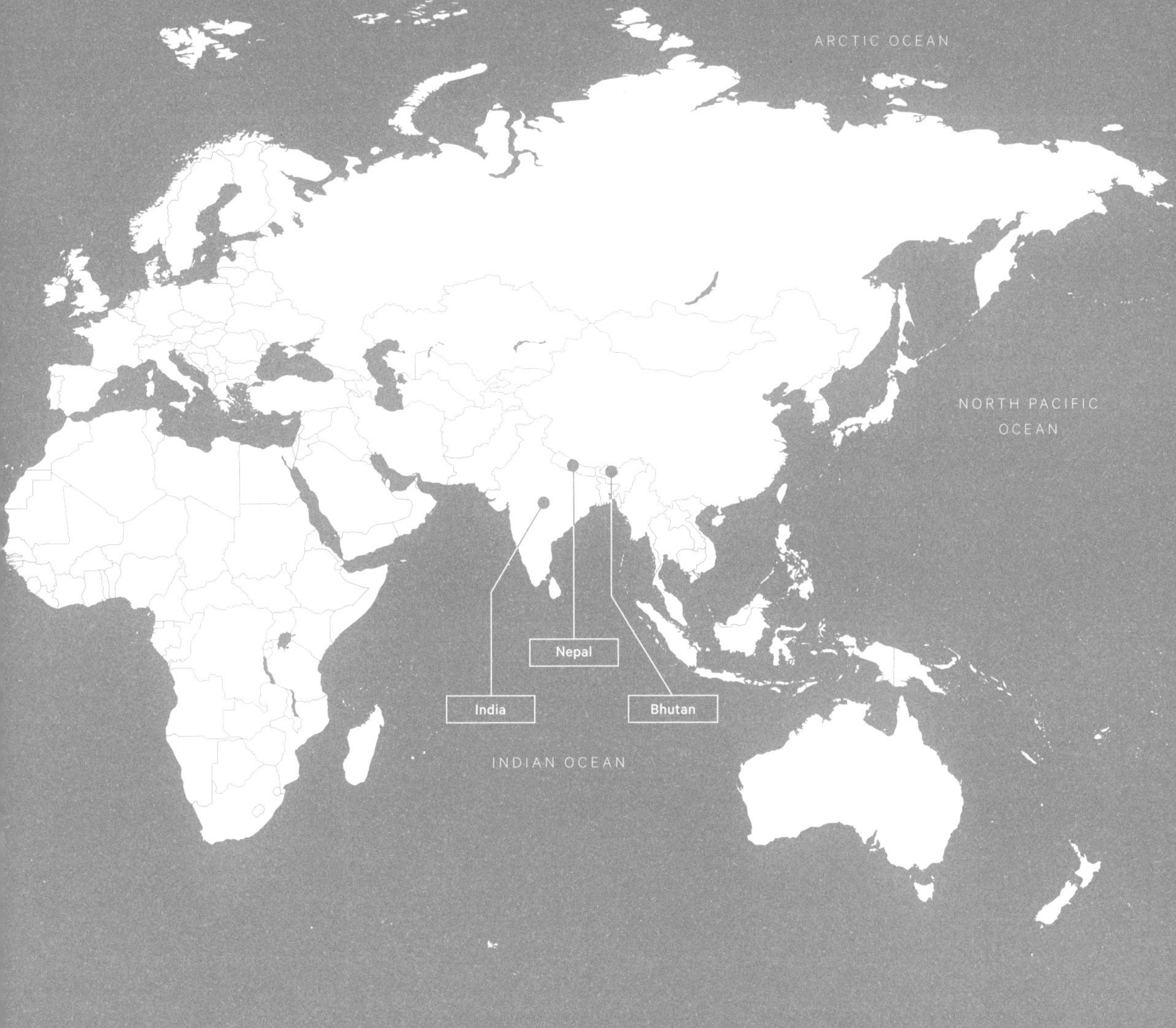
ARCTIC OCEAN
NORTH PACIFIC OCEAN
Nepal
India
Bhutan
INDIAN OCEAN

동영상 강의 시청하기

언어평등(www.EQlangs.com)에서 구매하면
해당 도서의 강의를 보실 수 있습니다.
저자가 알려주는 언어 이야기도 보실 수 있습니다.

MP3 다운로드 방법

1단계
언어평등(www.EQlangs.com) 사이트
고객센터 - 자료실 - MP3 들어오기

2단계
제목_______________에 찾고자 하는
도서명을 입력 후 검색하세요.

www.EQlangs.com

평등한 언어 세상을 위한 시작

네팔어 첫걸음

평등한 언어 세상을 위한 시작

네팔어 첫걸음

भाषाको समानता संसारको सुरुवात

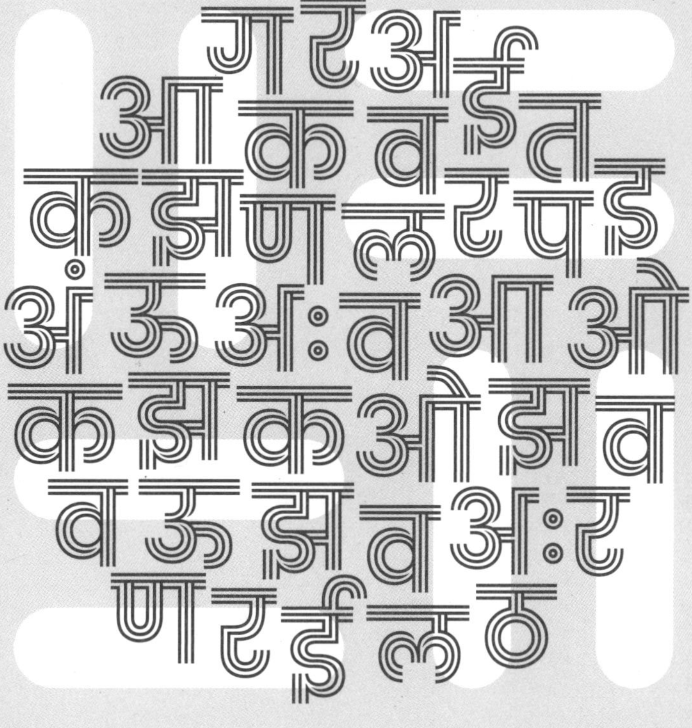

नेपाली भाषाको पहिलो कदम

언어평등

평등한 언어 세상을 위한 시작

네팔어 첫걸음

초판 2쇄 인쇄 2024년 6월 10일
초판 2쇄 발행 2024년 6월 25일

지은이 신보경
펴낸이 서덕일
펴낸곳 언어평등

기획 서민우 **편집진행 및 교정** 조소영 **본문 디자인** 문인주
표지 및 부속 디자인 박정호 **오디오 녹음** 이니스닷컴 **동영상 촬영** 이큐스튜디오
출력 및 인쇄 천일문화사 **제본** 대흥제책

출판등록 2018.6.5 (제2018-63호)
주소 경기도 파주시 회동길 366 3층 (10881)
전화 (02) 499-1281~2 **팩스** (02) 499-1283
전자우편 eqlangs@moonyelim.com
홈페이지 www.EQlangs.com

ISBN 979-11-970617-6-9 (13730)
값 15,000원

머리말

Prologue

이 책은 네팔에 여행 혹은 거주를 목적으로 네팔어를 공부하고자 하는 분들을 위해 쓰여졌습니다. 전반부에는 네팔에서 대중교통을 이용하고, 물건을 사고, 숙소를 정하는 것과 같은 필수적인 의사소통 기능에 중점을 두었다면, 후반부에는 현지인들과 친분을 쌓고 그들의 문화를 이해하는 데 필요한 어휘들과 문법 요소들을 수록했습니다.

이 책의 전반부를 집필하는 과정 내내 10년 전 네팔에 도착해서 네팔어를 배우기 시작한 새내기 외국인이었던 시절을 떠올렸습니다. 네팔어 왕초보의 답답했던 마음과 억울했던 기억을 더듬어 가며 '다시 십 년 전 그때로 돌아간다면 내가 가장 절실하게 하고 싶은 말과 이해하고 싶은 말은 무엇일까?'하는 질문의 답을 찾는 기분으로 단어와 표현을 하나하나 골라 실었습니다.

후반부에는 네팔의 날씨, 문화, 감정과 관련된 표현 그리고 다양한 시제와 복잡한 문장을 만들 수 있는 문법적 기능을 다루었습니다. 또한 네팔의 명절과 풍습을 이해하는 별도의 장을 마련하였고 장 전체에 걸쳐 네팔어의 맛과 재미를 느낄 수 있도록 현지인들이 많이 쓰는 표현을 수록했습니다. 여러 표현을 익혀 네팔 사람들과 마음과 인생을 터놓고 대화할 수 있기를 바랍니다.

네팔에서 지내는 기간 동안 기본적인 의사소통의 갈증을 해소하는 데 이 책이 도움이 되었으면 합니다. 그에 더해 이 책이 그곳의 문화를 즐기고 언어의 벽을 넘어 마음이 통하는 짜릿한 경험을 가능하게 하는 도구가 되었으면 하는 바람입니다.

신보경

이 책의 구성 및 학습법

देवनागरी र उच्चारण 문자와 발음

문자는 2차적인 기억의 시스템이다

네팔 문자 데바나가리부터 모음과 자음의 발음 및 반자음의 표기 방법을 익힙니다. 낯선 문자를 반복 연습하는 것이 중요합니다.

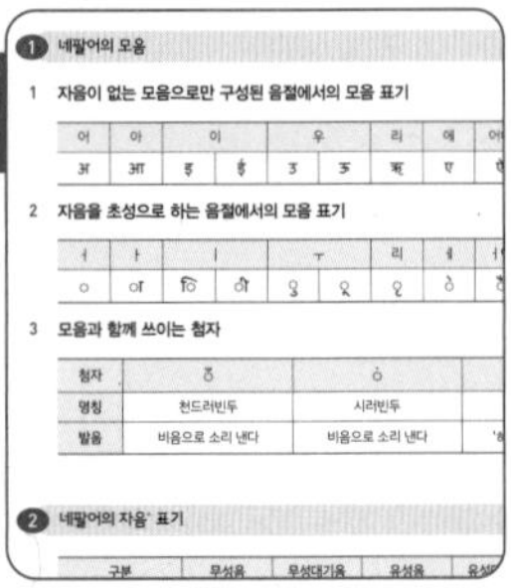

कुराकानी 대화

경청은 지혜의 특권이다

각 강의 학습 내용에 기본이 되는 대표 대화문을 소개합니다. 초보자의 학습에 도움이 되도록 5강까지는 한국어 독음을 표기하였습니다.

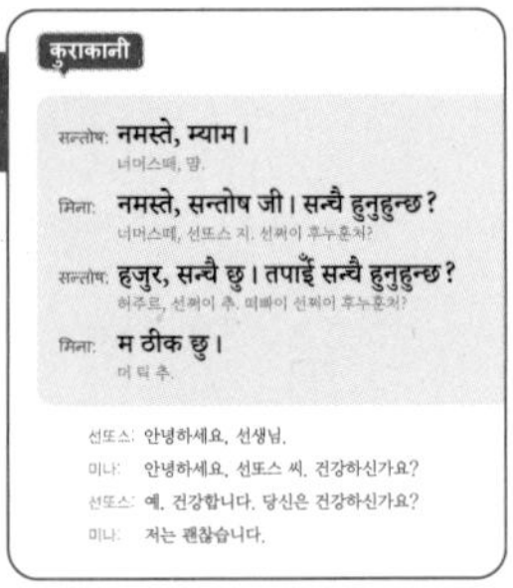

शब्दहरू 어휘

단어의 이미지는 견고하다

각 강의 대화에 등장하는 어휘를 정리하였습니다. 상황과 이미지를 연상하면서 어휘를 기억하도록 합니다.

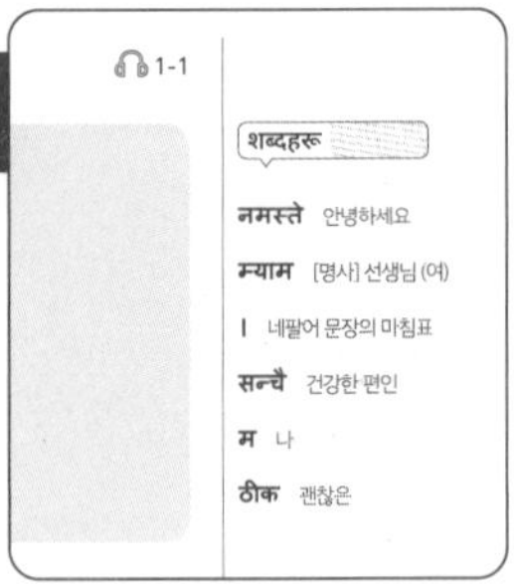

व्याकरण 문법

언어는 본능이 아니다

핵심 문법 사항을 공부하고, 문법과 관련된 예문을 통해 문장을 이해하고 문장 활용 능력을 키웁니다.

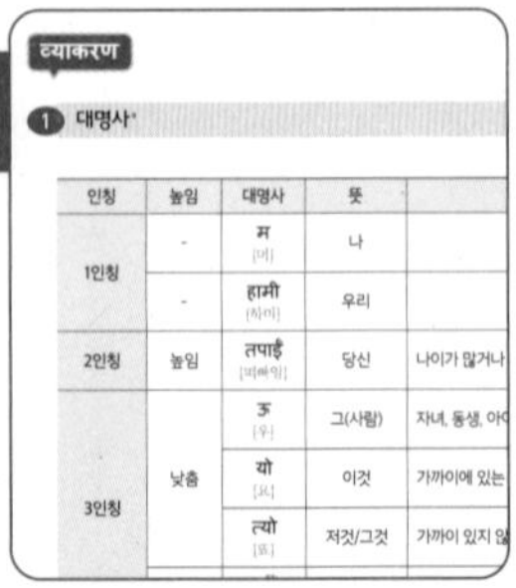

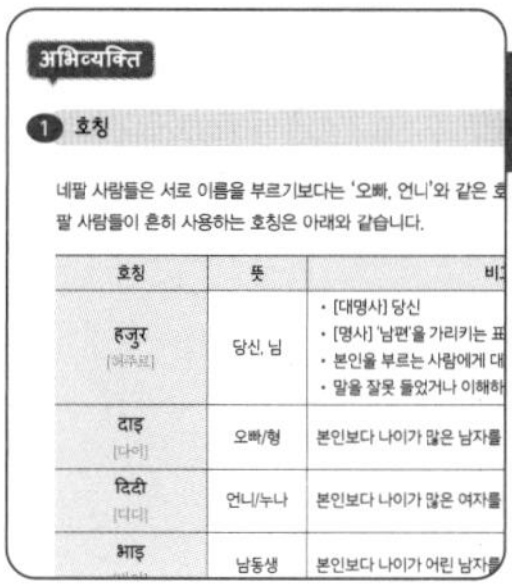
अभिव्यक्ति

1 호칭

네팔 사람들은 서로 이름을 부르기보다는 '오빠, 언니'와 같은 호
팔 사람들이 흔히 사용하는 호칭은 아래와 같습니다.

호칭	뜻	비고
हजुर [허주르]	당신, 님	· [대명사] 당신 · [명사] '남편'을 가리키는 표 · 본인을 부르는 사람에게 대 · 말을 잘못 들었거나 이해하
दाइ [다이]	오빠/형	본인보다 나이가 많은 남자를
दिदी [디디]	언니/누나	본인보다 나이가 많은 여자를
भाइ	남동생	본인보다 나이가 어린 남자를

अभिव्यक्ति 표현

언어의 역동성이 인간을 장악한다

각 강의 주제와 관련된 어휘 및 표현을 제시하였습니다. 자주 사용하는 단어 및 표현을 기억하고 활용하도록 합니다.

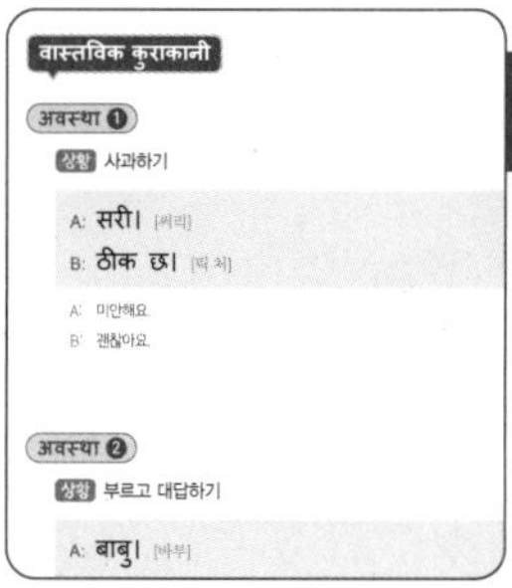
वास्तविक कुराकानी

अवस्था 1

상황 사과하기

A: सरी। [써리]
B: ठीक छ। [틱 처]

A: 미안해요.
B: 괜찮아요.

अवस्था 2

상황 부르고 대답하기

A: बाबु। [바부]

वास्तविक कुराकानी 상황별 대화

인류는 소통했기에 생존하였다

각 강에서 학습한 내용을 적용할 수 있는 다양한 대화 상황을 제시하였습니다. 문법과 어휘가 특정 상황에서 어떻게 적용되는지 이해하도록 합니다.

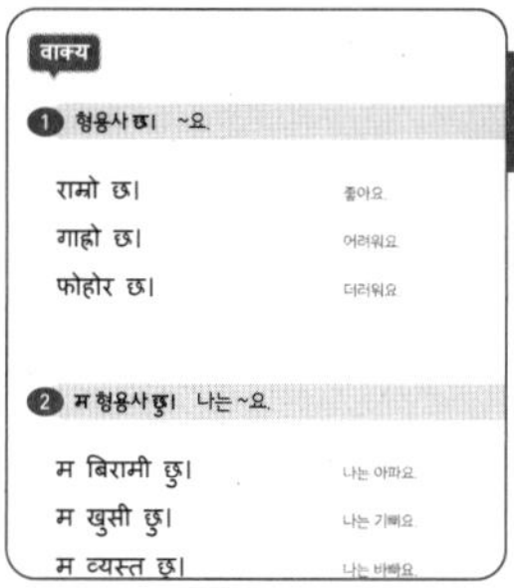
वाक्य

1 형용사 छ। ~요.

रामो छ। 좋아요.
गाह्रो छ। 어려워요.
फोहोर छ। 더러워요.

2 म 형용사 छु। 나는 ~요.

म बिरामी छु। 나는 아파요.
म खुसी छु। 나는 기뻐요.
म व्यस्त छु। 나는 바빠요.

वाक्य 문장 패턴

반복이 언어 성장의 힘이다

학습한 내용이 적용된 문장 패턴을 제시하였습니다. 하나의 문장 패턴에서 다양한 문장을 만드는 응용력을 기릅니다.

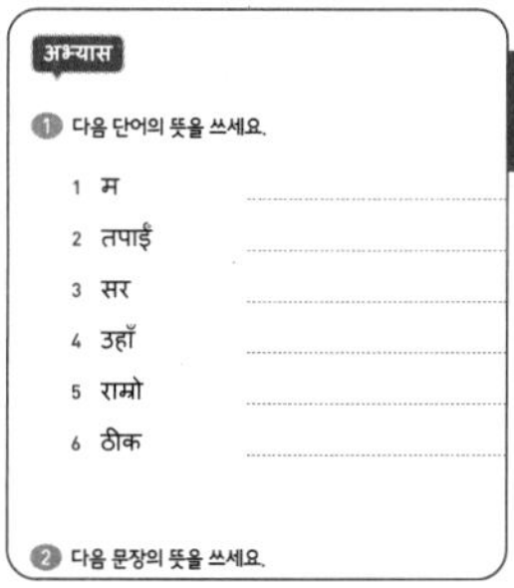
अभ्यास

1 다음 단어의 뜻을 쓰세요.

1 म
2 तपाईं
3 सर
4 उहाँ
5 राम्रो
6 ठीक

2 다음 문장의 뜻을 쓰세요.

अभ्यास 연습문제

말할 권리는 절대 옹호한다

각 강에서 학습한 내용을 정리합니다. 네팔어로 말할 수 있는지 스스로 확인하고 복습하도록 합니다.

차 례

Contents

내용 구성표

과	제목 및 주요 표현	문법	어휘
पाठ 01	건강하신가요? - 안부 묻기 - 기본 표현	대명사 형용사 छ동사의 용법 및 활용	호칭 일상 표현 기본 형용사
पाठ 02	당신의 이름은 무엇입니까? - 이름, 국적 묻고 답하기 - 직업 말하기	हो동사의 용법 및 활용 소유격 의문문	의문사 직업 사람 지칭
पाठ 03	당신의 집은 카트만두에 있어요? - 가족 소개하기 - 장소 묻고 답하기	소유(मा, सित, सँग) 지시 대명사 / 지시 형용사 복수형 수 + जना	장소 부사 / 장소 가족 숫자(1-12) 양, 수량
पाठ 04	밀크티 한 잔 주세요. - 찻집에서 주문하기 - 부탁하기	동사 기본형 / 명령문 목적격 조사 लाई हुन्छ와 हुँदैन / चाहिँ	기본 동사 온도 식품 / 양념 & 맛 표현
पाठ 05	일요일에도 학교에 가요? - 계획 말하기 - 일과 말하기	현재형 हुनु동사의 현재형 हुन्छ होला / बजे	하루의 때 요일 빈도 부사 / 접속사
पाठ 06	한 병에 250루피예요. - 식사 주문하기 - 식품 구매하기	미래형 ने हुनु동사의 과거형 भयो 숫자/금액 / 단위 / 번/횟수	생활용품 식재료
पाठ 07	포카라까지 시간이 얼마나 걸려요? - 버스표 구매하기 / 타기 - 택시 잡기	비교급 / हुनु동사의 과거형 थियो लाग्नु बाट, देखि, सम्म किन -नु?	교통수단 이동 및 거리 표현 시간
पाठ 08	나는 휴가를 받았어요. - 어제 한 일 말하기 - 숙소 잡기	과거형 / ले의 용법 -न형의 사용 / पुग्नु हेर्नु와 देख्नु / कि क्या हो?	여행/관광 시점 표현 정도 부사
पाठ 09	지금 몇 시예요? - 현재 시각 묻고 답하기	시간 묻고 답하기 청유형 मन लाग्नु/पर्नु 안다	대중문화 운동 및 취미 여가 생활 장소
पाठ 10	꾸르따-수루왈을 사고 싶어요. - 옷 맞추기 - 신발 사기 - 가격 흥정하기	सक्नु -न चाहनु / -ए हुनु / -इदिनु -लाई + बनाउनु -लाई + 형용사 + लाग्नु	패션 쇼핑 색상

과	제목 및 주요 표현	문법	어휘
पाठ 11	비가 와요. - 날씨 묻고 답하기 - 자연재해에 대해 말하기	-एर / -न + 형용사 भनेर -एपछि / पर्नु	보관 및 운반 날씨와 계절 / 자연재해 네팔의 달
पाठ 12	한국어를 공부하는 중이에요. - 지금 하고 있는 것 묻고 답하기	진행형(-दै) / को लागि -दा / -ए पनि / -ए तापनि आउँनु	교육 학교 정보
पाठ 13	열이 나고 머리도 아파요. - 증상 말하기 - 약 사기 - 병원 가기	형용사 + सँग/सित -ने गरी / -नुपर्नु 병 यस्तो, त्यस्तो	신체 건강과 병 의료
पाठ 14	방을 구하지 못했나요? - 과거의 경험 이야기하기 - 이사하고 물건 구입하기	현재완료 / 수동형 भनेको भने	집과 방 가구와 가전제품 서수
पाठ 15	오늘 하루 종일 일을 했어요. - 같이 요리하기 - 몸의 상태 말하기	-एको 의문사 + पनि -भरि	가사 가사도구 몸의 상태
पाठ 16	한가할 때는 언제나 시골에 가요. - 시골 생활 말하기 - 과일 따기	जस्तो लाग्नु / 관계사 + पनि -न पाउनु रहेछ / -एको ~ भयो	농사 과일
पाठ 17	우산은 저쪽 벽에 걸어 두세요. - 소매치기 - 물건을 잃어버리고 찾음	-इराख्नु -एको + 일반동사 -ने गर्नु -एछ	다툼 감정 보안 고통
पाठ 18	나라에 따라 관습도 다르잖아요. - 네팔의 관습 - 네팔의 결혼식 - 네팔의 명절	-न दिनु / -नु हुँदैन / -एकोमा अनुसार आफू/आफ्नो	풍습 행사 종교
पाठ 19	호랑이가 우리집 개를 잡아 갔었어요. - 동물에 관한 대화 - 정원 꾸미기에 관한 대화	과거완료 -इरहेको / -न खोज्नु / -न त	식물 동물
पाठ 20	비자 없이 네팔에서 지내는 것은 불가능해요. - 은행 계좌 만들기 - 은행에서 송금 받기 - 비자 연장하기	-न लगाउनु न-ईकन -न असम्भव छ -दै	관공서 업무 관공서 은행 업무

준비학습

네팔어의 기본 이해

0-1

1 네팔의 언어

네팔어는 인도 유럽어족의 인도–아리아 어군에 속하며, 같은 어군의 힌디어와 같이 데바나가리 문자를 사용합니다. 네팔의 공용어이며 부탄과 인도의 일부 지역에서도 사용됩니다. 네팔은 바운, 체뜨리, 네와르, 머거르, 구릉, 따망, 림부, 라이, 셀파 등 다양한 민족으로 구성되어 있으며 120개 이상의 언어가 사용되고 있습니다. 그중 네팔어는 네팔의 주 민족인 바운–체트리의 모국어이고 나머지 민족들은 자신의 고유어가 있지만, 공용어로 네팔어를 사용합니다. 네팔어가 모어가 아닌 민족들은 지역 사회나 학교 정규 교육과정을 통해 네팔어를 배웁니다. 하지만 같은 민족끼리 모여 마을을 이루고 사는 경우가 많고 기성 세대 중 학교 교육을 받지 못한 사람들이 많은 이유로 네팔어를 각자의 방식으로 말하는 것을 흔히 볼 수 있습니다. 민족이나 교육 배경에 따라 문법에 맞지 않거나 발음이 다른 경우가 네팔인들 사이에서 자주 일어나는 일입니다. 이러한 현지 실정으로 인해 많은 네팔인은 형식보다는 의미에 초점을 두고 이해하는 편입니다.

2 네팔어의 특징

1 문자

네팔어는 데바나가리 문자를 사용하는데, 이 문자는 산스크리트어, 힌디어에도 쓰입니다. 왼쪽에서 오른쪽으로 쓰며, 띄어쓰기를 기준으로 글자 윗부분을 일직선으로 이어줍니다. 데바나가리는 표음 문자이며 한국어처럼 초성에 자음, 중성에 모음을 표기하여 음절을 만듭니다. 모음은 자음의 오른쪽, 왼쪽, 위쪽 혹은 아래쪽에 올 수 있습니다. 받침은 자음 아래에 점을 찍어 표시합니다.

2 어순

주어, 목적어, 동사 순으로 문장을 만듭니다. 일부 경우를 제외하고는 한국어와 어순이 거의 같습니다. 수식어는 피수식어 앞에 위치합니다. 부사는 수식하는 단어 앞에 오거나 수식하는 구, 절의 앞부분에 위치합니다.

3 동사의 활용

시제, 주어의 격, 동사의 역할 등에 따라 동사가 활용됩니다. 네팔어에서 동사의 활용은 한국어와 비슷합니다. 동사 앞부분인 어간은 그대로 두고 동사의 뒷부분에 위치하는 어미를 바꿔주는 방식입니다.

4 높임말

한국어의 높임말은 청자에 따른 높임말이 있고 문장의 주어에 따른 높임말이 있는데, 네팔어는 청자와 관계없이 주어에 따라 높임말을 사용합니다. 높임의 격은 높임, 중간, 낮춤으로 3단계가 있습니다. 각 단계에 해당하는 대명사가 있고 주어로 사용되는 대명사 또는 명사의 격에 맞게 동사의 활용이 일어납니다.

5 여성형

여성일 경우 명사, 형용사 및 서술어에 변화가 있습니다. 여성에 해당하는 명사나 형용사가 주로 '이'로 끝나거나, 여성이 주어일 경우 동사에 '이'가 덧붙여지기도 합니다. 많은 네팔인들은 구어에서 여성형을 엄격하게 지키지는 않습니다.

6 조사 - 후치사

네팔어에는 한국어의 조사와 개념이 비슷한 후치사들이 있습니다. 주격 조사와 목적격 조사에 해당하는 후치사들이 있으나, 어순에 따라 주어와 목적어를 구분할 수 있기 때문에 모든 주어와 목적어에 후치사가 사용되는 것은 아닙니다. '은/는', '에', '으로'같은 보격 조사와 부사격 조사의 역할을 하는 후치사들도 있습니다.

7 띄어쓰기 및 마침표

품사 혹은 문장 성분에 따라 띄어쓰기가 이루어집니다. 보통 조사-후치사에 해당하는 품사는 앞 명사와 함께 붙여 쓰입니다. 네팔어의 마침표는 '.' 가 아니라 '।'를 사용합니다.

네팔어의 소리 및 표기 방법

🎧 0-1

1 네팔어의 모음

1 자음이 없는 모음으로만 구성된 음절에서의 모음 표기

어	아	이		우		리	에	어이	오	어우
अ	आ	इ	ई	उ	ऊ	ऋ	ए	ऐ	ओ	औ

2 자음을 초성으로 하는 음절에서의 모음 표기

ㅓ	ㅏ	ㅣ		ㅜ		리	ㅔ	ㅓ이	ㅗ	ㅓ우
◌	◌ा	◌ि	◌ी	◌ु	◌ू	◌ृ	◌े	◌ै	◌ो	◌ौ

3 모음과 함께 쓰이는 첨자

첨자	◌ँ	◌ं	◌ः
명칭	천드러빈두	시러빈두	비서르거
발음	비음으로 소리 낸다	비음으로 소리 낸다	'허' 소리를 덧붙인다

> ✏ TIP
>
> 엄밀히 말하면 '어' 모음과 함께 소리나기 때문에 자음이라고 할 수 없지만, 네팔 본토에서 자음이라는 표현을 사용합니다.

> ✏ TIP
>
> 연구개음
> 한국어 'ㄱ'을 소리내는 위치에서 나는 소리
>
> 치경음
> 한국어 'ㅈ'을 소리내는 위치에서 나는 소리와 유사함
>
> 권설음
> 혀의 끝부분이 입천장을 튕기며 나는 소리
>
> 치음
> 한국어 'ㄴ'을 소리내는 위치에서 나는 소리
>
> 양순음
> 한국어 'ㅂ'을 소리내는 위치에서 나는 소리
>
> 경구개 접근음
> 영어의 'y' 소리
>
> 치경 탄음
> 영어의 'r' 소리
>
> 치경 설측 접근음
> 영어의 'l' 소리

2 네팔어의 자음* 표기

구분	무성음	무성대기음	유성음	유성대기음	비음
연구개음	क [꺼]	ख [커]	ग [거]	घ [거ㅎ]	ङ [응어]
치경음	च [쩌]	छ [처]	ज [저]	झ [저ㅎ]	ञ [여]
권설음	ट [떠]	ठ [터]	ड [더]	ढ [더ㅎ]	ण [어너]
치음	त [떠]	थ [터]	द [더]	ध [더ㅎ]	न [너]
양순음	प [뻐]	फ [퍼]	ब [버]	भ [버ㅎ]	म [머]

경구개 접근음	य [여]
치경 탄음	र [러]
치경 설측 접근음	ल [러]
양순 연구개 접근음	व [워/버]
치경 마찰음	श [서] ष [서] स [서]
성문마찰음	ह [허]
이중자음	क्ष [체] त्र [뜨러] ज्ञ [거]

✓ व는 단어에 따라 [워]로 발음되는 경우도 있고 [버]로 발음되는 경우도 있습니다.

3 초성 · 중성이 있는 네팔어의 음절

◌	◌ा	◌ि	◌ी	◌ु	◌ू	◌ृ	◌े	◌ै	◌ो	◌ौ
क	का	कि	की	कु	कू	कृ	के	कै	को	कौ
[꺼]	[까]	[끼]	[끼]	[꾸]	[꾸]	[끄리]	[께]	[꺼이]	[꼬]	[꺼우]
ख	खा	खि	खी	खु	खू	खृ	खे	खै	खो	खौ
[커]	[카]	[키]	[키]	[쿠]	[쿠]	[크리]	[케]	[커이]	[코]	[커우]
ग	गा	गि	गी	गु	गू	गृ	गे	गै	गो	गौ
[거]	[가]	[기]	[기]	[구]	[구]	[그리]	[게]	[거이]	[고]	[거우]
घ	घा	घि	घी	घु	घू	घृ	घे	घै	घो	घौ
[거ㅎ]	[가ㅎ]	[기ㅎ]	[기ㅎ]	[구ㅎ]	[구ㅎ]	[그ㅎ리]	[게ㅎ]	[거ㅎ이]	[고ㅎ]	[거ㅎ우]
ङ	받침으로만 사용									
[응어]										
च	चा	चि	ची	चु	चू	चृ	चे	चै	चो	चौ
[쩌]	[짜]	[찌]	[찌]	[쭈]	[쭈]	[쯔리]	[쩨]	[쩌이]	[쪼]	[쩌우]
छ	छा	छि	छी	छु	छू	छृ	छे	छै	छो	छौ
[처]	[차]	[치]	[치]	[츠]	[츠]	[츠리]	[체]	[처이]	[초]	[처우]
ज	जा	जि	जी	जु	जू	जृ	जे	जै	जो	जौ
[저]	[자]	[지]	[지]	[주]	[주]	[즈리]	[제]	[저이]	[조]	[저우]
झ	झा	झि	झी	झु	झू	झृ	झे	झै	झो	झौ
[저ㅎ]	[자ㅎ]	[지ㅎ]	[지ㅎ]	[주ㅎ]	[주ㅎ]	[즈ㅎ리]	[제ㅎ]	[저ㅎ이]	[조ㅎ]	[저ㅎ우]
ञ	받침으로만 사용									
[여]										
ट	टा	टि	टी	टु	टू	टृ	टे	टै	टो	टौ
[떠]	[따]	[띠]	[띠]	[뚜]	[뚜]	[뜨리]	[떼]	[떠이]	[또]	[떠우]
ठ	ठा	ठि	ठी	ठु	ठू	ठृ	ठे	ठै	ठो	ठौ
[터]	[타]	[티]	[티]	[투]	[투]	[트리]	[테]	[터이]	[토]	[터우]
ड	डा	डि	डी	डु	डू	डृ	डे	डै	डो	डौ
[더]	[다]	[디]	[디]	[두]	[두]	[드리]	[데]	[더이]	[도]	[더우]
ढ	ढा	ढि	ढी	ढु	ढू	ढृ	ढे	ढै	ढो	ढौ
[더ㅎ]	[다ㅎ]	[디ㅎ]	[디ㅎ]	[두ㅎ]	[두ㅎ]	[드ㅎ리]	[데ㅎ]	[더ㅎ이]	[도ㅎ]	[더ㅎ우]
ण	णा	णि	णी	णु	णू	णृ	णे	णै	णो	णौ
[어너]	[나]	[니]	[니]	[누]	[누]	[느리]	[네]	[너이]	[노]	[너우]

◌	◌ा	◌ि	◌ी	◌ु	◌ू	◌ृ	◌े	◌ै	◌ो	◌ौ
त	ता	ति	ती	तु	तू	तृ	ते	तै	तो	तौ
[떠]	[따]	[띠]	[띠]	[뚜]	[뚜]	[뜨리]	[떼]	[떠이]	[또]	[떠우]
थ	था	थि	थी	थु	थू	थृ	थे	थै	थो	थौ
[터]	[타]	[티]	[티]	[투]	[투]	[트리]	[테]	[터이]	[토]	[터우]
द	दा	दि	दी	दु	दू	दृ	दे	दै	दो	दौ
[더]	[다]	[디]	[디-]	[두]	[두]	[드리]	[데]	[더이]	[도]	[더우]
ध	धा	धि	धी	धु	धू	धृ	धे	धै	धो	धौ
[더ㅎ]	[다ㅎ]	[디ㅎ]	[디ㅎ]	[두ㅎ]	[두ㅎ]	[드ㅎ리]	[데ㅎ]	[더ㅎ이]	[도ㅎ]	[도ㅎ우]
न	ना	नि	नी	नु	नू	नृ	ने	नै	नो	नौ
[너]	[나]	[니]	[니]	[누]	[누]	[느리]	[네]	[너이]	[노]	[너우]
प	पा	पि	पी	पु	पू	पृ	पे	पै	पो	पौ
[뻐]	[빠]	[삐]	[삐]	[뿌]	[뿌]	[쁘리]	[뻬]	[뻐이]	[뽀]	[뻐우]
फ	फा	फि	फी	फु	फू	फृ	फे	फै	फो	फौ
[퍼]	[파]	[피]	[피]	[푸]	[푸]	[프리]	[페]	[퍼이]	[포]	[퍼우]
ब	बा	बि	बी	बु	बू	बृ	बे	बै	बो	बौ
[버]	[바]	[비]	[비]	[부]	[부]	[브리]	[베]	[버이]	[보]	[버우]
भ	भा	भि	भी	भु	भू	भृ	भे	भै	भो	भौ
[버ㅎ]	[바ㅎ]	[비ㅎ]	[비ㅎ]	[부ㅎ]	[부ㅎ]	[브ㅎ리]	[베ㅎ]	[버ㅎ이]	[보ㅎ]	[버ㅎ우]
म	मा	मि	मी	मु	मू	मृ	मे	मै	मो	मौ
[머]	[마]	[미]	[미]	[무]	[무]	[므리]	[메]	[머이]	[모]	[머우]
य	या	यि	यी	यु	यू	यृ	ये	यै	यो	यौ
[예]	[야]	[이]	[이]	[유]	[유]	[예리]	[예]	[여이]	[요]	[여우]
र	रा	रि	री	रु	रू	रृ	रे	रै	रो	रौ
[러]	[라]	[리]	[리]	[루]	[루]	[르리]	[레]	[러이]	[로]	[러우]
ल	ला	लि	ली	लु	लू	लृ	ले	लै	लो	लौ
[러]	[라]	[리]	[리]	[루]	[루]	[르리]	[레]	[러이]	[로]	[러우]
व	वा	वि	वी	वु	वू	वृ	वे	वै	वो	वौ
[워/버]	[와/바]	[위/비]	[위/비]	[부]	[부]	[브리]	[웨]	[워이,버이]	[워, 보]	[워우,버우]
श	शा	शि	शी	शु	शू	शृ	शे	शै	शो	शौ
[서]	[사]	[시]	[시]	[수]	[수]	[스리]	[세]	[서이]	[소]	[서우]
ष	षा	षि	षी	षु	षू	षृ	षे	षै	षो	षौ
[서]	[사]	[시]	[시]	[수]	[수]	[스리]	[세]	[서이]	[소]	[서우]

◌	◌ा	◌ि	◌ी	◌ु	◌ू	◌ृ	◌े	◌ै	◌ो	◌ौ
स	सा	सि	सी	सु	सू	सृ	से	सै	सो	सौ
[서]	[사]	[시]	[시]	[수]	[수]	[스리]	[세]	[서이]	[소]	[서우]
ह	हा	हि	ही	हु	हू	हृ	हे	है	हो	हौ
[허]	[하]	[히]	[히]	[후]	[후]	[흐리]	[헤]	[허이]	[호]	[허우]
क्ष	क्षा	क्षि	क्षी	क्षु	क्षू	क्षृ	क्षे	क्षै	क्षो	क्षौ
[처]	[차]	[치]	[치]	[추]	[추]	[츠리]	[체]	[처이]	[초]	[처우]
त्र	त्रा	त्रि	त्री	त्रु	त्रू	त्रृ	त्रे	त्रै	त्रो	त्रौ
[뜨러]	[뜨라]	[뜨리]	[뜨리]	[뜨루]	[뜨루]	[뜨르리]	[뜨레]	[뜨러이]	[뜨로]	[뜨러우]
ज्ञ	ज्ञा	ज्ञि	ज्ञी	ज्ञु	ज्ञू	ज्ञृ	ज्ञे	ज्ञै	ज्ञो	ज्ञौ
[겨]	[갸]	[기]	[기]	[규]	[규]	[그리]	[계]	[겨이]	[교]	[겨우]

⊘ **य**는 단독으로 쓰일 경우 주로 [예]로 발음하고, 다른 모음과 함께 쓰일 경우 [y]로 발음합니다.

TIP

네팔어에서 अ 모음 소리 없이 순수한 자음만 소리나는 경우를 의미합니다.

4 반자음*으로 소리나는 경우의 표기

1 **자음이 반자음으로 소리나는 경우:** 자음으로 단어가 끝날 때

예 **मुख** [묵], **कान** [깐], **नाक** [낙]

⊘ 단, 자음으로 끝나는 모든 단어의 끝 자음의 अ가 생략되는 것은 아닙니다.

예 **बिहान** [비하너]

2 **◌्로 표기:** 자음 아래 구두점을 찍어 반자음을 표기합니다.

न [너] → **न्** [ㄴ], **ख** [커] → **ख्** [ㅋ], **ड** [더] → **ड्** [ㄷ]

① **सुन्** [순]

② **हिँड्नु** [힌누], **भेट्नु*** [베뜨누]

③ **ठ्व** [퉈]

TIP

순수한 자음을 받침으로 표기할 경우, 한국의 받침 발음 습관에 의해 일부 자음에서 전혀 다른 소리가 날 수 있으므로 부득이하게 '으' 모음과 함께 표기하였습니다.

3 ् 외의 방법으로 표기되는 경우

1) ख, ग, घ : 자음의 '।'가 제거된 경우 자음에서 अ를 빼고 순수한 자음만 발음

ख् → ख [ㅋ]　　ग् → ग [ㄱ]　　घ् → घ [ㄱㅎ]

① **देख्छु** [덱추], **लाग्छ** [락처]

② **ख्य** [켸], **ग्य** [계], **घ्य** [계ㅎ], **न्य** [녜]

③ **ख्व** [퀘], **ग्व** [궤], **घ्व** [궤ㅎ], **न्व** [눼]

2) क : [ㄲ] 소리만 발음

क् → क [ㄲ]　　फ् → फ [ㅍ]

क्य [꼐], **आफ्नो** [아프노]

3) ⁻ : [ㄹ] 소리만 발음

र् → ⁻ [ㄹ]

हेर्नु [헤르누], **गर्नु** [거르누]

4) ्र : ् + र 가 결합한 형태

① **क्र** [끄러], **ख्र** [크러], **ग्र** [그러], **घ्र** [그흐러]

② **च्र** [쯔러], **ज्र** [즈러], **झ्र** [즈흐러], **ण्र** [느러]

③ **थ्र** [트러], **द्र** [드러], **ध्र** [드흐러], **न्र** [느러]

④ **प्र** [쁘러], **फ्र** [쁘러], **ब्र** [브러], **भ्र** [브흐러], **म्र** [므러]

⑤ **स्र** [스러], **श्र** [스러]

⑥ **ह्र** [흐러]

5) ्र: ् + र 가 결합한 형태

छ्र [츠러], ट्र [뜨러], ठ्र [트러], ड्र [드러], ढ्र [드흐러]

6) ् + य 가 결합한 형태

① द्य [뎨] ← द् + य

② र्‍य [례] ← र् + य

③ ह्य [혜] ← ह् + य

④ 일부 폰트에서는 ् 와 결합하는 **य**의 형태가 달라지기도 합니다.

예 **ट्य(ट् + य), ठ्य(ठ् + य), ढ्य(ढ् + य)**

7) ् + व 가 결합한 형태

द्व [둬] ← द् + व

8) ् + न 가 결합한 형태

서체에 따라 두 가지 방식으로 표기됩니다.

① देख्नु / देख्नु

② जान्नु / जान्नु, हुनुहुन्न / हुनुहुन्न

9) 기타

아래의 경우는 일부 서체에서 적용됩니다.

ङ् + क → ङ्क	ङ् + ग → ङ्ग
ट् + ट → ट्ट	ट् + ठ → ट्ठ
द् + द → द्द	द् + ध → द्ध
ठ् + ठ → ठ्ठ	त् + त → त्त

पाठ 01

인사

सन्चै हुनुहुन्छ?

건강하신가요?

कुराकानी

1-1

सन्तोष: **नमस्ते, म्याम ।**
너머스떼, 맘.

मिना: **नमस्ते, सन्तोष जी । सन्चै हुनुहुन्छ ?**
너머스떼, 선또스 지. 선쩌이 후누훈처?

सन्तोष: **हजुर, सन्चै छु । तपाईँ सन्चै हुनुहुन्छ ?**
허주르, 선쩌이 추. 떠빠잉 선쩌이 후누훈처?

मिना: **म ठीक छु ।**
머 틱 추.

선또스: 안녕하세요, 선생님.
미나: 안녕하세요, 선또스 씨. 건강하신가요?
선또스: 예, 건강합니다. 당신은 건강하신가요?
미나: 저는 괜찮습니다.

शब्दहरू

नमस्ते 안녕하세요

म्याम [명사] 선생님 (여)

। 네팔어 문장의 마침표

सन्चै 건강한 편인

म 나

ठीक 괜찮은

> ✎ TIP
>
> p.246 부록 <1. 인칭대명사> 참고

व्याकरण

1 대명사*

인칭	높임	대명사	뜻	비고
1인칭	-	म [머]	나	-
	-	हामी [하미]	우리	-
2인칭	높임	तपाईं [떠빠잉]	당신	나이가 많거나 예의를 갖추어야 하는 대상
3인칭	낮춤	ऊ [우]	그(사람)	자녀, 동생, 아이, 안면이 없는 대상
		यो [요]	이것	가까이에 있는 물건이나 사람
		त्यो [뚀]	저것/그것	가까이 있지 않거나 지금 없는 물건
	높임	उहाँ* [우항]	그분	지위가 높거나 존경을 나타내야 하는 대상

> ✎ TIP
>
> उहाँ를 의미하는 다른 단어로 वहाँ가 있는데 회화에서 주로 사용합니다.

- हामी, तपाईं, उहाँ의 복수형은 대명사에 हरू를 덧붙여 각각 हामीहरू, तपाईंहरू, उहाँहरू가 됩니다.
- 3인칭 낮춤 복수형은 아래와 같으며, 사람에게만 적용됩니다.
  ऊ → उनीहरू, यो → यिनीहरू, त्यो → तिनीहरू

2 형용사

네팔어의 형용사는 명사 앞에서 명사를 수식하거나 छ동사의 변화형과 함께 쓰여 주어를 서술하는 역할을 합니다.

1) 명사를 수식하는 경우 – 명사 앞에 위치

राम्रो (형용사) मान्छे (명사) 좋은 사람

तातो (형용사) पानी (명사) 뜨거운 물

सफा (형용사) कोठा (명사) 깨끗한 방

2) **छ**동사와 함께 쓰여 서술어로 쓰이는 경우

मान्छे राम्रो छ । 명사 형용사 동사	사람이 좋다.
पानी तातो छ । 명사 형용사 동사	물이 뜨겁다.
कोठा सफा छ । 명사 형용사 동사	방이 깨끗하다.

3) **ओ**가 복수형 명사 또는 여성형 명사를 만나면 **आ**, **ई**로 바뀌기도 합니다.

राम्रो → **राम्रा**(복수) / **राम्री***(여성형)

3 छ동사의 주어에 따른 활용*

인칭	높임/복수	주어 대명사	छ-형 긍정	 부정
1인칭	-	म	छु [추]	छैनँ [처이넝]
	-	हामी	छौँ [초웅]	छैनौँ [처이노웅]
2인칭	높임	तपाईं	हुनुहुन्छ [후누훈처]	हुनुहुन्न [후누훈너]
3인칭	낮춤	ऊ, यो, त्यो	छ [처]	छैन [처이너]
	낮춤 (복수)	उनीहरू यिनीहरू तिनीहरू	छन् [천]	छैनन् [처이넌]
	높임	उहाँ	हुनुहुन्छ [후누훈처]	हुनुहुन्न [후누훈너]

म्याम राम्रो हुनुहुन्छ।	선생님은 좋으시다.
म्याम राम्रो हुनुहुन्न।	선생님은 좋지 않다.
काम राम्रो छ।	일이 좋다.

TIP

राम्रो의 여성형은 주로 '외모가 좋다'는 의미, 즉 '예쁘다'라는 의미를 가집니다.

TIP

p.247 부록 <3. हुनु동사의 활용(현재형)> 참고

काम राम्रो छैन।　　일이 좋지 않다.

सामानहरू राम्रा छन्।　　물건들이 좋다.

सामानहरू राम्रा छैनन्।　　물건들이 좋지 않다.

✎ TIP

순수한 자음으로 소리나는 경우

目 ओ/자음*으로 끝나는 형용사의 경우 끝소리를 ऐ로 바꾸면 '~하기는 하다/~하는 편이다'라는 의미를 가집니다.

म्याम राम्रै हुनुहुन्छ।　　선생님은 좋은 편이다.

सामानहरू राम्रै छन्।　　물건들이 좋기는 하다.

म सन्चै छु।　　나는 건강한 편이다.

目 नै를 덧붙여 '~하기는 하다/~하는 편이다'라는 의미를 전달하기도 합니다.

म व्यस्त नै छु।　　나는 바쁜 편이다.

अभिव्यक्ति

1-2

1 호칭

네팔 사람들은 서로 이름을 부르기보다는 '오빠, 언니'와 같은 호칭을 주로 사용합니다. 네팔 사람들이 흔히 사용하는 호칭은 아래와 같습니다.

호칭	뜻	비고
हजुर [허주르]	당신, 님	• [대명사] 당신 • [명사] '남편'을 가리키는 표현 • 본인을 부르는 사람에게 대답할 때: 네 • 말을 잘못 들었거나 이해하지 못해서 반응할 때: 네?
दाइ [다이]	오빠/형	본인보다 나이가 많은 남자를 부르거나 가리킬 때
दिदी [디디]	언니/누나	본인보다 나이가 많은 여자를 부르거나 가리킬 때
भाइ [바하이]	남동생	본인보다 나이가 어린 남자를 부르거나 가리킬 때
बहिनी [버히니]	여동생	본인보다 나이가 어린 여자를 부르거나 가리킬 때
नानी [나니]	얘	• 어린 여자아이 • 본인보다 나이가 어린 여자
बाबु [바부]	얘	• 어린 남자아이 • 본인보다 나이가 어린 남자
सर [서르]	선생님	남자 교사 혹은 사무실에서 사무직, 공직에서 일하는 남자를 부르는 호칭
म्याम [먐]	선생님	여자 교사를 부르는 호칭
म्याडम [먀덤]	여사님	사무직, 전문직, 공직을 가진 여성을 부르는 호칭

존중심을 표현할 때는 이름 다음에 जी를 붙여 사용합니다.

मिनु जी 민우 씨

साहुजी 사장님

2 간단한 일상 표현

नमस्ते। [너머스떼]	안녕하세요.
आरामै हुनुहुन्छ? [아라머이 후누훈처?]	평안하게 지내시나요?
धन्यवाद। [더헌예받]	고마워요.
स्वागत छ। [스와건 처]	환영해요. / 천만에요.
सरी। [써리]	미안해요.
ठीक छ। [틱 처]	괜찮아요.

3 기본 형용사

राम्रो [라므로]	좋은	नराम्रो [너라므로]	나쁜
सन्चो [선쪼]	건강한	बिरामी [비라미]	아픈
सफा [서파]	깨끗한, 맑은	फोहोर [포호르]	더러운
ठीक [틱]	괜찮은	खुसी [쿠시]	기쁜
सजिलो [서질로]	쉬운	गाह्रो [가흐로]	어려운
आराम [아람]	평안한	व्यस्त [베스떠]	바쁜
नयाँ [너야]	새로운	पुरानो [뿌라노]	오래된

वास्तविक कुराकानी

1-3

अवस्था 1

상황 사과하기

A: सरी। [써리]

B: ठीक छ। [틱 처]

A: 미안해요.

B: 괜찮아요.

अवस्था 2

상황 부르고 대답하기

A: बाबु। [바부]

B: हजुर। [허주르]

A: 얘야.

B: 네.

अवस्था 3

상황 고마움 표현하기

A: धन्यवाद। [더현예받]

B: स्वागत छ। [스와걷 처]

A: 고마워요.

B: 천만에요.

वाक्य

1-4

1 형용사 छ। ~요.

राम्रो छ।	좋아요.
गाह्रो छ।	어려워요.
फोहोर छ।	더러워요.

2 म 형용사 छु। 나는 ~요.

म बिरामी छु।	나는 아파요.
म खुसी छु।	나는 기뻐요.
म व्यस्त छु।	나는 바빠요.

अभ्यास

1 다음 단어의 뜻을 쓰세요.

1 म ______
2 तपाईँ ______
3 सर ______
4 उहाँ ______
5 राम्रो ______
6 ठीक ______

2 다음 문장의 뜻을 쓰세요.

1 सन्चै छु। ______
2 राम्रो छ। ______
3 ठीक छ। ______

3 다음 빈칸에 알맞은 말을 넣어 문장을 완성하세요.

1 म ठीक ______। 나는 괜찮아요.
2 तपाईँ व्यस्त ______? 당신은 바쁘신가요?
3 कोठा फोहोर ______। 방이 더럽지 않아요.

4 **다음 대화의 빈칸에 들어갈 말을 <보기>에서 골라 적으세요.**

보기
ठीक छ   नमस्ते   स्वागत छ

1 A: नमस्ते। 안녕하세요.

B: ______________। 안녕하세요.

2 A: सरी। 미안해요.

B: ______________। 괜찮아요.

3 A: धन्यवाद। 고마워요.

B: ______________। 환영해요.

पाठ

02 소개 तपाईँको नाम के हो?

당신의 이름은 무엇입니까?

कुराकानी

2-1

मिनु: **नमस्ते, मेरो नाम मिनु हो। म यो कम्पनीको नयाँ इन्जिनियर हुँ।**
너머스떼, 메로 남 미누 호. 머 요 껌뻐니꼬 너야 인지니여르 훙.

सुनिता: **ए, नमस्ते, मिनु जी। तपाईँ कोरियन हुनुहुन्छ?**
에, 너머스떼, 미누 지. 떠빠잉 꼬리연 후누훈처?

मिनु: **हजुर। तपाईँ पनि विदेशी हुनुहुन्छ कि?**
허주르. 떠빠잉 뻐니 비데시 후누훈처 끼?

सुनिता: **होइन, म नेपाली हुँ।**
호이너, 머 네빨리 훙.

मिनु: **ए हो। तपाईँको नाम के हो?**
에 호. 떠빠잉꼬 남 께 호?

सुनिता: **मेरो नाम सुनिता अधिकारी हो।**
메로 남 수니따 어디까리 호.

मिनु: **सुनिता जी भेटेर खुसी लाग्यो।**
수니따 지 베떼러 쿠시 라교.

सुनिता: **मलाई पनि खुसी लाग्यो।**
멀라이 뻐니 쿠시 라교.

민우: 안녕하세요, 제 이름은 민우입니다. 저는 이 회사의 새 기술자입니다.
수니따: 아, 안녕하세요, 민우 씨. 한국 분입니까?
민우: 네, 당신도 외국인입니까?
수니따: 아니요, 저는 네팔 사람입니다.
민우: 그렇군요. 당신의 이름은 무엇입니까?
수니따: 내 이름은 수니따 어디까르입니다.
민우: 수니따 씨를 만나서 기쁩니다.
수니따: 나도 기쁩니다.

शब्दहरू

मेरो 나의
नाम 이름
कम्पनी 회사
नयाँ 새로운
इन्जिनियर 기술자
हुँ 입니다
कोरियन 한국인, 한국어, 한국의
पनि ~도, 또한
विदेशी 외국인
हुनुहुन्छ कि 입니까
होइन 아니다
नेपाली 네팔인, 네팔어, 네팔의
ए हो 그렇군요
तपाईँको 당신의
के 무엇
हो 입니다
भेटेर खुसी लाग्यो 만나서 반갑습니다

TIP

p.247 부록 <3. हुनुदेसा동사의 활용 (현재형)> 참고

व्याकरण

1 हो동사의 용법 및 활용

'이다'라고 해석하며, 'A B **हो**'는 'A는 B이다'로 해석합니다. 주어에 따라 **हो**를 활용*합니다.

인칭	높임(복수)	주어	**हो**-형의 활용	
	높임의 격	대명사	긍정	부정
1인칭	-	म	हुँ [훙]	होइनँ [호이너]
	-	हामी	हौँ [허웅]	होइनौँ [호이너웅]
2인칭	높임	तपाईं	हुनुहुन्छ [후누훈처]	हुनुहुन्न [후누훈너]
3인칭	낮춤 (단수)	ऊ, यो, त्यो	हो [호]	होइन [호이너]
	낮춤 (복수)	उनीहरू यिनीहरू तिनीहरू	हुन् [훈]	होइनन् [호이넌]
	높임	उहाँ	हुनुहुन्छ [후누훈처]	हुनुहुन्न [후누훈너]

म कोरियन हुँ। 나는 한국인입니다.

हामी नेपाली हौँ। 우리는 네팔인입니다.

तपाईं प्रहरी हुनुहुन्छ? 당신은 경찰입니까?

यो पानी हो। 이것은 물입니다.

उहाँ सर हुनुहुन्छ। 그분은 선생님입니다.

2 소유격

1) को ~의 / ~의 것

A + को* + B A의 B

तपाईँको नाम 당신의 이름

मिनुजीको काम 민우 씨의 일

> ✎ TIP
> 여성형 명사와 만나면 की, 복수형 명사와 만나면 का로 바뀝니다.

2) 대명사의 소유격*

> ✎ TIP
> p.246 부록 <2. 소유격> 참고

인칭	높임의 격	대명사	대명사의 소유격	
1인칭	-	म	मेरो [메로]	나의 / 나의 것
	-	हामी	हाम्रो [하므로]	우리의 / 우리의 것
2인칭	높임	तपाईँ	तपाईँको [떠빠잉꼬]	당신의 / 당신의 것
3인칭	낮춤	ऊ	उसको [우스꼬]	그의 / 그의 것
		यो	यसको [예스꼬]	이것의
		त्यो	त्यसको [떼스꼬]	저것의 / 그것의
	높임	उहाँ	उहाँको [우항꼬]	그분의 / 그분의 것

मेरो नाम 나의 이름

हाम्रो देश 우리의 나라

3 의문문

1) 의문사가 없는 의문문

의문사가 없는 의문문은 평서문과 문장 구조가 같습니다. 단, 문장 끝의 억양을 올립니다.

तपाईँ कोरियन हुनुहुन्छ? 당신은 한국인입니까?

| 비교 | **तपाईँ कोरियन हुनुहुन्छ।** 당신은 한국인입니다.

2) 예/아니오

긍정		부정	
हो	예	होइन	아니오
हजुर	네	नाइँ	싫어요*
अँ	예	अहँ	아니오

TIP

거절할 때 주로 쓰는 표현입니다.

3) 의문사가 있는 의문문

의문사가 대신하는 품사의 자리에 의문사가 위치합니다.

उहाँको नाम के हो? 그분의 이름은 무엇입니까?

| 비교 | **उहाँको नाम मिनु हो।** 그분의 이름은 민우입니다.

4) कि가 사용된 의문문

문장 끝에 쓰여 문장이 의문문임을 강조합니다. 추측, 불확실성, 호기심과 같은 감정을 전달합니다.

तपाईँ कोरियन हुनुहुन्छ कि? 당신은 한국인입니까?

अभिव्यक्ति

2-2

1 의문사

को [꼬]	누구
के [께]	무엇
कहाँ / कता [꺼항] [꺼따]	어디
कहिले [꺼힐레]	언제
कति [꺼띠]	얼마나
कस्तो [꺼스또]	어떤
कसरी [꺼서리]	어떻게
कुन [꾼]	어느
किन [끼너]	왜

को हो? 누구입니까?

के हो? 무엇입니까?

कहाँ हो? 어디입니까?

कहिले हो? 언제입니까?

कति हो? 얼마입니까?

कस्तो छ? 어떻습니까?

कसरी हो? 어떻게 됩니까?

कुन हो? 어느 것입니까?

किन हो? 왜입니까?

2 직업

काम [깜]	일	विद्यार्थी [비댜르티]	학생
जागिर [자기르]	직업	ड्राइभर [드라이버르]	운전사
कामदार [깜다르]	근로자	घरबेटी [거허르베띠]	집주인
शिक्षक [식척]	교사	साहुजी [사후지]	사장
प्रहरी [쁘러허리]	경찰	डाक्टर [닥떠르]	의사
म्यानेजर [먀네저르]	관리자	नर्स [너르스]	간호사

3 사람 지칭

मान्छे [만체]	사람	केटाकेटी [께따께띠]	어린이
पुरुष [뿌루스]	남자	केटा [께따]	남자아이/소년
स्त्री [이스뜨리]*	여자	केटी [께띠]	여자아이/소녀

TIP

'स् + 자음'으로 단어의 첫 음절이 시작하는 경우 स् 앞에 [이]를 덧붙여 발음합니다.

वास्तविक कुराकानी

2-3

अवस्था 1

상황 국적 묻고 답하기

A: तपाईँ कोरियन हुनुहुन्छ? [떠빠잉 꼬리연 후누훈처?]

B: हजुर, म कोरियन हुँ। [허주르, 머 꼬리연 홍]

A: 당신은 한국인입니까?

B: 네, 나는 한국인입니다.

अवस्था 2

상황 이름 묻고 답하기

A: तपाईँको नाउँ सुजिन हो? [떠빠잉꼬 나웅 수진 호?]

B: होइन, मेरो नाम सुजि हो। [호이너, 메로 남 수지 호]

A: 당신의 이름은 수진입니까?

B: 아니요, 내 이름은 수지입니다.

नाउँ 이름

अवस्था 3

상황 고향 묻고 답하기

A: तपाईँको घर कहाँ हो?* [떠빠잉꼬 거허르 꺼항 호?]

B: मेरो घर कोरिया हो। [메로 거허르 꼬리야 호]

A: 당신의 고향은 어디입니까?

B: 나의 고향은 한국입니다.

घर 집, 고향

TIP

그 사람이 사는 곳 또는 출신지를 물어보는 표현이지만, 어느 나라에서 왔는지 물어보는 표현으로도 사용합니다.

वाक्य

2-4

1 तपाईं A हुनुहुन्छ? 당신은 A입니까?

तपाईं जापानीज हुनुहुन्छ? 당신은 일본인입니까?

तपाईं शिक्षक हुनुहुन्छ? 당신은 교사입니까?

तपाईं म्यानेजर हुनुहुन्छ? 당신은 관리자입니까?

2 म A हुँ। 나는 A입니다.

म कोरियन हुँ। 나는 한국인입니다.

म विद्यार्थी हुँ। 나는 학생입니다.

म विदेशी हुँ। 나는 외국인입니다.

3 तपाईंको A के हो? 당신의 A는 무엇입니까?

तपाईंको नाम के हो? 당신의 이름은 무엇입니까?

तपाईंको जागिर के हो? 당신의 직업은 무엇입니까?

तपाईंको रुचि के हो? 당신의 취미는 무엇입니까?

रुचि 취미

4 मेरो A B हो। 나의 A는 B입니다.

मेरो नाम सरिता राई हो। 나의 이름은 서리따 라이입니다.

मेरो जागिर शिक्षक हो। 나의 직업은 교사입니다.

मेरो घर कोरिया हो। 나의 고향은 한국입니다.

अभ्यास

1 다음 빈칸에 알맞은 말을 넣어 문장을 완성하세요.

1 यो के ________________?
이것은 무엇입니까?

2 म कोरियन ________________।
나는 한국인입니다.

3 तपाईं नेपाली ________________?
당신은 네팔인입니까?

4 उहाँ तपाईंको शिक्षक ________________?
그분은 당신의 선생님입니까?

2 다음 빈칸에 알맞은 소유격을 넣어 문장을 완성하세요.

1 यो ________________ झोला हो।
이것은 나의 가방입니다.

2 ________________ कम्पनी राम्रो छ।
우리의 회사는 좋다.

3 यो ________________ पानी हो?
이것은 당신의 물입니까?

4 ________________ जागिर डाक्टर हो।
그분의 직업은 의사입니다.

3 다음 해석에 맞는 문장을 <보기>에서 골라 적으세요.

보기

तपाईं नेपाली हुनुहुन्छ?
तपाईंको नाम के हो?
होइन, म कोरियन हुँ।
मेरो नाम सरिता हो।

1 ______________________

당신은 네팔인입니까?

2 ______________________

아니요, 나는 한국인입니다.

3 ______________________

당신의 이름은 무엇입니까?

4 ______________________

내 이름은 서리따입니다.

पाठ 03

가족 및 장소

당신의 집은 카트만두에 있어요?

तपाईँको घर काठमाण्डौँमा छ?

कुराकानी

3-1

मिनु: **सुनिता जी, तपाईँको घर काठमाण्डौँमा छ?**
수니따 지, 떠빠잉꼬 거허르 까트만도우마 처?

सुनिता: **होइन, मेरो घर पोखरामा छ।**
호이너, 메로 거허르 뽀커라마 처.

मिनु: **ए हो। त्यसोभए काठमाण्डौँमा को को हुनुहुन्छ?**
에 호. 떼소버에 까트만도우마 꼬 꼬 후누훈처?

सुनिता: **श्रीमान् र छोराछोरी छन्।**
스리만 러 초라초리천.

मिनु: **तपाईँको छोराछोरी कति जना छन्?**
떠빠잉꼬 초라초리 꺼띠 저나 천?

सुनिता: **एक जना छोरा र दुई जना छोरी छन्।**
엑 저나 초라 러 두이 저나 초리 천.

मिनु: **छोराछोरी सानै छन् कि?**
초라초리 사너이 천 끼?

सुनिता: **छोरा अलि ठूलो छ, छोरीहरू चाहिँ सानै छन्।**
초라 얼리 툴로 처, 초리허루 짜히 사너이 천.

민우: 수니따 씨, 당신의 집은 카트만두에 있어요?
수니따: 아니요, 저희 집은 포카라에 있어요.
민우: 아 그렇군요. 그럼 카트만두에는 누가 있어요?
수니따: 남편과 자녀가 있어요.
민우: 당신의 자녀는 몇 명이 있나요?
수니따: 아들 한 명과 딸 두 명이 있어요.
민우: 자녀들이 어린 편인가요?
수니따: 아들은 좀 크고, 딸들은 어려요.

शब्दहरू

काठमाण्डौँ 카트만두
पोखरा 포카라(네팔의 도시명)
त्यसोभए 그럼
श्रीमान् 남편
जना 명
एक 한, 하나
छोरा 아들
दुई 둘
छोरी 딸
सानै 어린 편인
अलि 조금
ठूलो 큰
चाहिँ 은(는)

व्याकरण

1 소유(मा, सित, सँग)

명사와 함께 छ동사의 변화형이 쓰이면 '~가 있다'라는 의미를 전달합니다.

> ✎ TIP
> p.22 1과 ③ छ동사의 주어에 따른 활용 혹은 p.247 부록 <3. हुनु동사의 활용(현재형)> 참고

1) A(장소) मा + छ-형* A에 있다/없다

बाबु घरमा छ। 아이는 집에 있습니다.

श्रीमान् कोरियामा हुनुहुन्छ। 남편은 한국에 있습니다.

2) A(사람) सित/सँग + छ-형 A에게 있다/없다

तपाईंसित पानी छ? 당신에게 물이 있습니까?

मसँग छैन। फ्रिजमा छ। 나에게 없습니다. 냉장고에 있습니다.

> ✎ TIP
> 'A의 B가 있다'보다 'A는 B가 있다'가 더 자연스러운 해석입니다.

3) A को B + छ-형 A는 B가 있다*/없다

तपाईंको छोरा छ? 당신은 아들이 있습니까?

मेरो बुबाको ठूलो गाडी छ। 우리 아버지는 큰 차가 있다.

2 지시 대명사 / 지시 형용사

1) यो

(1) 대명사: 이것

यो के हो? 이것은 무엇입니까?

यो पानी हो। 이것은 물입니다.

(2) 형용사: 이

यो पानी तपाईँको हो? 이 물은 당신의 것입니까?

यो घर कसको* हो? 이 집은 누구의 것입니까?

2) त्यो

(1) 대명사: 저것

त्यो के हो? 저것은 무엇입니까?

त्यो पानी हो। 저것은 물입니다.

(2) 형용사: 저/그

त्यो झोला तपाईँको हो? 저 가방은 당신의 것입니까?

त्यो लुगा रिताको हो? 저 옷은 리따의 것입니까?

3 복수형

1) 대명사나 명사 뒷부분에 **हरू**를 덧붙이면 복수가 됩니다.

तपाईँ → तपाईँहरू

2) **ओ**로 끝나는 명사는 **आ**로 바꾼 후 **हरू**를 붙입니다.

छोरो → छोराहरू

4 수 + जना ~명

कति जना 몇 명

एक जना 한 명

दुई जना बहिनी 두 명의 여동생

> **TIP**
> को(누구)의 소유격
> को(누구) + को(의) → कसको

अभिव्यक्ति

3-2

1 장소 부사

아래의 부사는 장소를 가리키는 조사 मा와 함께 쓰이지 않습니다.

कहाँ [꺼항] / कता [꺼따]	어디	भित्र [비히뜨러]	안
यहाँ [예항] / यता [예따]	여기	बाहिर [바히러]	밖
त्यहाँ [떼항] / त्यता [떼따]	저기/거기	माथि [마티]	위
उता [우따]	저기 멀리/거기 멀리	तल [떨러]	아래

कहाँ पानी छ? 물이 어디에 있어요?

यहाँ शीतल छ। 여기는 시원하다.

त्यहाँ घर छ। 저기 집이 있다.

उता ट्वाइलेट* छ। 거기에 화장실이 있다.

TIP

ट + व = ट्व

2 장소

아래의 명사는 보통은 **मा**와 함께 쓰여 '~에'라는 의미를 갖습니다.

घर [거허르]	집	बाटो [바또]	길
कोठा [꼬타]	방	पसल [빠설]	가게
स्कुल [이스꿀]	학교	होटेल [호뗄]	식당
कम्पनी [껌빠니]	회사	गाउँ [가웅]	시골
अफिस [어피스]	사무실	सहर [서허르]	도시
ट्वाइलेट [똬일렛]	화장실	भवन [버허원]	홀/회관

घरमा को छ? 집에 누가 있습니까?

आमा पसलमा हुनुहुन्छ। 어머니는 가게에 있습니다.

3 가족

परिवार [빠리와르]	가족	आमाबुबा [아마부바]	부모님
बुबा [부바]	아빠/아버지	आमा [아마]	엄마/어머니
छोरा [초라]	아들	छोरी [초리]	딸
श्रीमान् [스리만]	남편	श्रीमती [스리머띠]	아내
दाइ [다이]	오빠/형	दिदी [디디]	언니/누나
भाइ [바하이]	남동생	बहिनी [버히니]	여동생
दाजुभाइ [다주바하이]	형제	दिदीबहिनी [디디버히니]	자매

TIP

1부터 100까지의 네팔 숫자는 부록(p.249) 참고

4 숫자*

수	네팔 숫자	읽기	수	네팔 숫자	읽기
1	१	एक [엑]	7	७	सात [사뜨]
2	२	दुई [두이]	8	८	आठ [아트]
3	३	तीन [띤]	9	९	नौ [노우]
4	४	चार [짜르]	10	१०	दस [더스]
5	५	पाँच [빵쯔]	11	११	एघार [에가허러]
6	६	छ [처]	12	१२	बाह्र [바허러]

5 양, 수량

थोरै [토러이]	조금	थुप्रै [투쁘러이]	많은
अलि [얼리]	조금	धेरै [데허러이]	많은/많이
कम [껌]	적은/적게	बढी [버리]	넘치는/추가의

वास्तविक कुराकानी

3-3

अवस्था 1

상황 장소 묻고 답하기

A: सुनिता जी कहाँ हुनुहुन्छ? [수니따 지 꺼항 후누훈처?]
B: उहाँ अफिसमा हुनुहुन्छ। [우항 어피스마 후누훈처]

A: 수니따 씨는 어디에 있어요?
B: 그분은 사무실에 있습니다.

अवस्था 2

상황 사람 수 묻고 답하기

A: कोठामा कति जना हुनुहुन्छ? [꼬타마 꺼띠 저나 후누훈처?]
B: चार जना हुनुहुन्छ। [짜르 저나 후누훈처]

A: 방에 몇 명이 있습니까?
B: 4명이 있습니다.

अवस्था 3

상황 상대에게 물건이 있는지 묻고 답하기

A: तपाईँसँग कलम छ? [떠빠잉성거 껄럼 처?]
B: मसँग छैन। [머성거 처이너]

A: 당신에게 펜이 있습니까?
B: 나에게 없어요.

अवस्था 4

상황 장소에 대상이 있는지 묻고 답하기

A: बुबा घरमा हुनुहुन्छ? [부바 거르마 후누훈처?]
B: हुनुहुन्न, अफिसमा हुनुहुन्छ। [후누훈너, 어피스마 후누훈처]

A: 아버지는 집에 계십니까?
B: 안 계십니다, 사무실에 계십니다.

वाक्य

3-4

1 A कहाँ छ-? A는 어디에 있습니까?

उहाँ कहाँ हुनुहुन्छ? 그분은 어디에 있습니까?

ट्वाइलेट कहाँ छ? 화장실은 어디에 있습니까?

कलम कहाँ छ? 펜은 어디에 있습니까?

2 यो A हो। 이것은 A입니다.

यो तपाईंको खाना हो। 이것은 당신의 식사입니다.

यो कोरियन पसल हो। 이것은 한국 가게입니다.

यो मेरो छोरी हो। 이 아이는 나의 딸입니다.

3 मसँग A छ/छैन। 나에게 A가 있습니다/없습니다.

मसँग कलम छ। 나에게 펜이 있습니다.

मसँग मोबाइल छ। 나에게 휴대폰이 있습니다.

मसँग पैसा छैन। 나에게 돈이 없습니다.

4 A B जना छ-। A가 B명 있습니다.

छोराहरू पाँच जना छन्। 아들이 다섯 명 있습니다.

कामदारहरू कति जना छन्? 일꾼들이 몇 명 있습니까?

दाइ एक जना हुनुहुन्छ। 형이 한 명 있습니다.

अभ्यास

1 다음 빈칸에 들어갈 알맞은 단어를 <보기>에서 골라 문장을 완성하세요.

보기

कोठा　　ट्वाइलेट　　पसल

1 म ______________ मा छु।

나는 방에 있습니다.

2 किराना ______________ उता छ।

식료품 가게는 저쪽에 있습니다.

3 ______________ कहाँ छ?

화장실은 어디에 있습니까?

2 <보기>의 네팔 숫자를 작은 수부터 순서대로 적으세요.

보기

६　५　१　३　९　४　२　७　८　१०

____

③ 다음 빈칸에 들어갈 알맞은 단어를 <보기>에서 골라 문장을 완성하세요.

보기

आमाबुबा　　छोराछोरी　　भाइ

1 मेरो एक जना ______________ छ।

나는 한 명의 남동생이 있습니다.

2 मेरो ______________ कोरियामा हुनुहुन्छ।

나의 부모님은 한국에 계십니다.

3 तपाईँको ______________ कति जना छन्?

당신은 자녀가 몇 명 있습니까?

④ 다음 해석에 맞게 문장을 작문하세요.

1 내 휴대폰은 어디에 있습니까?

____

2 나에게는 없습니다.

____

3 이것은 당신의 휴대폰입니까?

____

पाठ 04

주문 및 부탁

एक कप दूध चिया दिनुहोस्।

밀크티 한 잔 주세요.

कुराकानी

4-1

मिनु: **नमस्ते दिदी।**
너머스떼 디디.

साहुनी: **नमस्ते भाइ, बस्नुस्।**
너머스떼 바하이, 버스누스.

मिनु: **आज कत्ति जाडो छ! एक कप दूध चिया दिनुहोस्।**
아저 껏띠 자로 처! 엑 껍 둗 찌야 디누스.

साहुनी: **दूध छैन। कालो चिया मात्र छ।**
둗 처이너. 깔로 찌야 마뜨러 처.

मिनु: **त्यसोभए कालो चिया दिनु न। अनि कागती छ?**
떼소버에 깔로 찌야 디누 너. 어니 까거띠 처?

साहुनी: **छ।**
처.

मिनु: **कागती पनि अलिकति हाल्नु न।**
까거띠 뻐니 얼리꺼띠 할누 너.

साहुनी: **हुन्छ।**
훈처.

मिनु: **अनि चिनी चाहिँ कम हाल्नु है।**
어니 찌니 짜히 껌 할누 허이.

민우: 안녕하세요 누님.
사장님: 안녕하세요 동생, 앉으세요.
민우: 오늘 너무 추워요! 밀크티 한 잔 주세요.
사장님: 우유가 없네요. 블랙티만 있어요.
민우: 그러면 블랙티로 주세요. 그런데 레몬이 있나요?
사장님: 있어요.
민우: 레몬도 조금 넣어 주세요.
사장님: 알겠어요.
민우: 그리고 설탕은 적게 넣어 주세요, 네?

शब्दहरू

साहुनी 여사장님
बस्नु 앉다
आज 오늘
जाडो 추운
कप 컵
दूध चिया 밀크티
दिनु 주다
दूध 우유
कालो 검은
चिया 홍차
मात्र 만
त्यसोभए 그러면
न 공손하게 부탁할 때 명령어 뒤에 붙이는 표현
अनि 그리고 / 그런데
कागती 레몬
पनि 도
अलिकति 조금
हाल्नु 넣다
हुन्छ 알겠어요
चिनी 설탕

व्याकरण

1 동사 기본형

네팔어의 동사 기본형은 **-नु**로 끝납니다. 동사 기본형은 아래의 5가지 형으로 나눌 수 있는데 형에 따라 동사 활용 시 적용되는 규칙이 다릅니다.

반자음 + नु	모음 + नु			
1형	2형	3형	4형	5형
-्नु	ानु/िनु	-नु	-उनु	ुनु
बस्नु 앉다	जानु 가다	चाहनु 원하다	आउनु 오다	हुनु 이다
सुन्नु 듣다	खानु 먹다	रहनु 유지되다	पिउनु 마시다	धुनु 씻다
हेर्नु 보다	लिनु 가지다	सम्झनु 기억하다	बताउनु 알리다	रुनु 울다
भन्नु 말하다	दिनु 주다	फर्कनु 돌아가다	बोलाउनु 부르다	छुनु 만지다

2 명령문

공손한 명령문의 경우 기본형 그대로 쓰거나 기본형에 **-स्** 혹은 **-होस्**를 덧붙입니다.

1) 기본형을 그대로 사용하는 경우

आउनु। 오세요.

पानी दिनु। 물을 주세요.

2) 기본형 + **होस्/स्**

आउनुहोस्। 오세요.

पानी दिनुस्। 물을 주세요.

3) 부정명령문: **न** + 명령어

नआउनु। 오지 마세요.

पानी नदिनुस्। 물을 주지 마세요.

4) 앞 1), 2), 3) 형태와 함께 **है**, **न**가 쓰이는 경우

(1) 명령문 + **है**

상대의 동의를 구하는 문장 끝에 붙어서 '네?', '알겠지요?'라는 의미를 전달합니다.

चिया दिनुस् है। 홍차를 주세요, 네?

छिटो फर्कनु है। 빨리 돌아가세요, 네?

(2) 공손한 부탁

명령문에 **न**를 덧붙이면 더 공손한 부탁의 표현이 됩니다.

मेरो घरमा आउनु न। 저희 집에 오세요.

पानी दिनुस् न। 물을 주세요.

3 목적격 조사 लाई

명사가 목적어임을 나타내기 위해서 명사 뒤에 **लाई**를 붙이며, 목적어가 사람일 경우에 사용합니다.

मलाई पानी दिनुस्। 저에게 물을 주세요.

त्यो मान्छेलाई हेर्नुस्। 저 사람을 보세요.

4 हुन्छ 와 हुँदैन

1) **हुन्छ**

'된다'의 의미로 상대방의 요청을 허락하거나 상대의 의견에 동의할 때 사용합니다.

A: **आज मेरो घरमा आउनु है।** 오늘 내 집에 와, 알겠지?

B: **हुन्छ।** 알겠어.

2) हुँदैन

'안 된다'의 의미로 금지, 불가능의 뜻을 전달합니다.

A: **आज छिट्टै घरमा आउनुस् न, हुन्छ?** 오늘 빨리 집에 오세요, 알겠지요?

B: **हुँदैन। काम धेरै छ।** 안 돼요. 일이 많아요.

5 चाहिँ

앞 단어를 강조하거나 여러 대상에서 하나만 구별할 때 사용합니다. 보통은 '은/는'으로 해석합니다.

पानी चाहिँ पिउनुहोस्। 물은 드세요.

चिनी चाहिँ कम हाल्नु। 설탕은 조금 넣으세요.

चाहिँ 대신 **त**를 사용할 수 있으나 **त**는 예의 없는 느낌을 줄 수 있으므로 편한 상대에게 쓰는 것이 좋습니다. 앞 단어를 강조하기 위해서 **नै**를 쓰기도 합니다.

अभिव्यक्ति

4-2

1 기본 동사

जानु [자누]	가다	भन्नु [버넌누]	말하다
आउनु [아우누]	오다	बताउनु [버따우누]	알려주다
बस्नु [버스누]	앉다, 지내다	बोलाउनु [볼라우누]	부르다
गर्नु [거르누]	하다	चाहनु [짜허누]	원하다
खानु [카누]	먹다	फर्कनु [퍼르꺼누]	돌아가다/돌아오다
पिउनु [삐우누]	마시다	हाल्नु [할누]	넣다
दिनु [디누]	주다	सुत्नु [수뜨누]	눕다, 자다
लिनु [리누]	받다, 가지다	सोच्नु [소쯔누]	생각하다
सुन्नु [순누]	듣다	फोन गर्नु [폰 거르누]	전화하다
हेर्नु [헤르누]	보다	कुरा गर्नु [꾸라 거르누]	이야기하다
देख्नु [데크누]	보다	मदत गर्नु [머덛 거르누]	돕다

2 온도

चिसो [찌소]	찬/탄산음료	तातो [따또]	뜨거운
शीतल [시떨]	시원한	न्यानो [냐노]	따뜻한
जाडो [자로]	추운	गर्मी [거르미]	더운/여름/더위

3 식품

खानेकुरा [카네꾸라]	음식	भात [받]	쌀밥
खाना [카나]	식사	दालभात [달받]	정식/달밧
खाजा [카자]	간식	म:म [머머]	만두
नास्ता [나스따]	가벼운 아침 식사	चाउमिन [짜우민]	볶음면
चिया [찌야]	차, 홍차	चाउचाउ [짜우짜우]	라면
चिसो [찌소]	찬/탄산음료	बिस्कुट [비스꿑]	비스킷
रक्सी [럭시]	술	चकलेट [쩌껄렏]	사탕
बियर [비여르]	맥주	डेरी मिल्क [데리 밀끄]	초콜릿

4 양념 & 맛 표현

चिनी [찌니]	설탕	गुलियो [굴리요]	단
नुन [눈]	소금	नुनिलो [누닐로]	짠
मसला [머설라]	향신료	मीठो [미토]	맛있는
खुर्सानी [쿠르사니]	고추	पिरो [삐로]	매운
कागती [까거띠]	레몬	अमिलो [어밀로]	신
कफी [꺼삐]	커피	तीतो [띠또]	쓴

वास्तविक कुराकानी

4-3

अवस्था 1

상황 양념 넣기

A: चियामा चिनी कम हाल्नु है। [찌야마 찌니 껌 할누 허이]

B: हुन्छ। [훈처]

A: 홍차에 설탕을 적게 넣으세요.

B: 알겠어요.

अवस्था 2

상황 감탄하기

A: यो चित्र हेर्नुहोस्। [요 찌뜨러 헤르누호스]

B: कत्ति राम्रो! [꺼띠 라므로]

A: 이 그림을 보세요.

B: 너무 좋아요!

अवस्था 3

상황 부탁과 허락하기

A: यो किताब मलाई दिनुहोस्। [요 끼땁 멀라이 디누호스]

B: हुन्छ। लिनुहोस्। [훈처. 리누호스]

A: 이 책을 나에게 주세요.

B: 알겠어요. 받으세요.

अवस्था 4

상황 맛 평가하기

A: चिया कस्तो छ? [찌야 꺼스또 처?]

B: अलि गुलियो छ। [얼리 굴리요 처]

A: 홍차가 어때요?

B: 조금 달아요.

वाक्य

4-4

1 A दिनुस्। A를 주세요.

चिसो पानी दिनुस्।	시원한 물을 주세요.
खाना दिनुस्।	식사를 주세요.
तपाईँको झोला दिनुस्।	당신의 가방을 주세요.

2 मलाई -नुस्। 나를/나에게 ~하세요.

मलाई दिनुस्।	나에게 주세요.
मलाई हेर्नुस्।	나를 보세요.
मलाई फेरी भन्नुस्।	나에게 다시 말하세요.
मलाई पनि बोलाउनुस् है।	나도 부르세요, 알겠지요?

3 कत्ति 형용사 छ! 얼마나 ~한가! / 매우 ~하다!

तपाईँको घर कत्ति राम्रो छ!	당신의 집은 얼마나 좋은가요!
यो ठाउँ कत्ति शीतल छ!	이곳은 얼마나 시원한가요!
तपाईँ कत्ति व्यस्त हुनुहुन्छ!	당신은 얼마나 바쁘신가요!
म:म कत्ति मीठो छ!	만두가 얼마나 맛있는지요!

4 यो 형용사(맛 관련) छ। 이것은 (맛이 ~)하다.

यो नुनिलो छ।	이것은 짜다.
यो मीठो छ।	이것은 맛있다.
यो पिरो छ।	이것은 맵다.
यो गुलियो छ।	이것은 달다.

अभ्यास

1 다음 네팔어 단어와 의미가 일치하는 한국어 단어를 찾아 선으로 연결하세요.

1 म:म ·	· 정식
2 खाना ·	· 만두
3 चाउमिन ·	· 탄산음료
4 दालभात ·	· 볶음면
5 चिसो ·	· 쌀밥
6 खाजा ·	· 간식
7 भात ·	· 식사

2 다음 빈칸에 들어갈 알맞은 단어를 <보기>에서 골라 문장을 완성하세요.

보기

चिसो　　गर्मी　　तातो　　न्यानो

1 चिया ____________ छ।　　홍차가 뜨겁다.

2 आज ____________ छ।　　오늘은 덥다.

3 पानी ____________ छ।　　물이 차다.

4 कोठा ____________ छ।　　방이 따뜻하다.

3 다음 빈칸에 들어갈 알맞은 말을 <보기>에서 골라 문장을 완성하고 한국어로 뜻을 쓰세요.

보기

कागती   खुर्सानी   चिनी   नुन

1 ______ गुलियो छ। 뜻: ______

2 ______ पिरो छ। 뜻: ______

3 ______ नुनिलो छ। 뜻: ______

4 ______ अमिलो छ। 뜻: ______

4 다음 빈칸에 들어갈 알맞은 말을 <보기>에서 골라 명령문을 완성하세요.

보기

दिनुहोस्   लिनुहोस्   सुन्नुहोस्   हेर्नुहोस्

1 तपाईँको झोला ______।
당신의 가방을 가져가세요.

2 मेरो कुरा ______।
내 이야기를 들어보세요.

3 तातो पानी ______।
뜨거운 물을 주세요.

4 त्यो मान्छेलाई ______।
저 사람을 보세요.

पाठ 05

계획 및 일과

일요일에도 학교에 가요?

आइतबार पनि स्कुल जानुहुन्छ?

कुराकानी

5-1

मिना: **भाइ, भोलि के गर्नुहुन्छ?**
바하이, 보홀리 께 거르누훈처?

अनिल: **म भोलि स्कुल जान्छु।**
머 보홀리 이스꿀 잔추.

मिना: **ए, आइतबार पनि स्कुल जानुहुन्छ?**
에, 아이떠바르 빠니 이스쿨 자누훈처?

अनिल: **जान्छु, शनिबार मात्र छुट्टी हुन्छ।**
잔추, 서니바르 마뜨러 춛띠 훈처.

मिना: **हो र? त्यसोभए कति बजे घर फर्कनुहुन्छ?**
호 러? 뗴소버허에 꺼띠 버제 거허르 퍼르꺼누훈처?

अनिल: **प्रायजसो ११ बजे तिर मात्र फर्कन्छु, किन होला?**
쁘라예저소 에가허러 버제 띠러 마뜨러 퍼르껀추, 끼너 홀라?

मिना: **किनभने म भोलि कोठा सर्छु। त्यसैले मलाई मदत गर्नुहुन्छ कि?**
끼너버허네 머 보홀리 꼬타 서르추. 떼서일레 멀라이 머더뜨 거르누훈처 끼?

अनिल: **कति बजे सुरु हुन्छ?**
꺼띠 버제 수루 훈처?

मिना: **१२ बजे सुरु हुन्छ।**
바허러 버제 수루 훈처.

अनिल: **हुन्छ, त्यतिखेर नै आउँछु, दिदी।**
훈처, 떼띠케러 너이 아웅추, 디디.

मिना: **धेरै धन्यवाद।**
데허러이 더헌예받.

शब्दहरू

भोलि 내일

आइतबार 일요일

शनिबार 토요일

छुट्टी 휴가, 조퇴

बजे 시

प्रायजसो 주로

तिर 쯤

होला 문장 뒤에서 앞 문장의 불확실성을 강조하는 표현

किनभने 왜냐하면

सर्नु 이사하다 / 이동하다

त्यसैले 그래서

सुरु 시작

त्यतिखेर 그때

미나: 동생, 내일 뭐 해요?

어닐: 저는 내일 학교에 가요.

미나: 아, 일요일에도 학교에 가요?

어닐: 가요, 토요일만 쉬어요.

미나: 그래요? 그러면 몇 시에 집에 돌아와요?

어닐: 보통은 11시쯤 되어야 돌아와요, 왜요?

미나: 왜냐하면 내일 이사를 하거든요. 그래서 저를 도와주시겠어요?

어닐: 몇 시에 시작돼요?

미나: 12시에 시작해요.

어닐: 알겠어요, 그때 올게요, 누나.

미나: 정말 고마워요.

व्याकरण

1 현재형

1) 현재형의 쓰임(한국어의 현재형과 용법 동일)

(1) 시제를 특정할 수 없는 문장, 일반적 사실이나 규칙 등을 말할 때 사용

कोरियामा आठ वर्षदेखि स्कुल जान्छ। 한국은 8살부터 학교에 가요.

(2) 최근의 일상이나 반복되는 일을 말할 때 사용

म हरेक दिन स्कुल जान्छु। 나는 매일 학교에 가요.

(3) 가까운 미래나 확정된 사건을 말할 때 사용(문맥에 따라서 현재형 혹은 미래형으로 해석)

म भोलि स्कुल जान्छु। 나는 내일 학교에 가요/가겠어요.

2) 현재형의 동사변형

(1) 높임 격의 주어와 함께 쓰이는 경우

동사 기본형 + हुन्छ

| 긍정 · 부정 | **-नु → -नुहुन्छ**

तपाईं आज जानुहुन्छ? 당신은 오늘 가세요?

बुबा घरमा बस्नुहुन्छ। 아버지는 집에 계세요.

| 부정 | **-नु → -नुहुन्न**

उहाँ आज आउनुहुन्न*। 그분은 오늘 오시지 않아요.

आमा चिनी खानुहुन्न। 어머니는 설탕을 드시지 않아요.

TIP

p.19 준비학습 4 반자음으로 소리나는 경우의 표기 8) ् + न 가 결합한 형태 참조

> ✎ TIP
> p.51 4과 ❶ 동사 기본형 참고

> ✎ TIP
> p.248 부록 <4. 현재형 어미> 참고

> ✎ TIP
> 동사 1형: -्नु 유형의 동사

(2) 높임 격 외의 주어와 함께 쓰이는 경우

동사 기본형의 어근에 현재형 어미를 붙입니다. 동사 유형*에 따라 न् 또는 ँ가 첨가되기도 합니다.

| 낮춤 주어의 격에 따른 현재형 어미* |

주어	현재형 어미	
	긍정	부정
म	छु	दिनँ
हामी	छौँ	दैनौँ
3인칭 낮춤	छ	दैन
3인칭 복수	छन्	दैनन्

① **동사 1형*의 동사 변화**

नु를 빼고 표에 있는 현재형 어미를 붙입니다.

| 긍정 · 부정 |

-्नु → -् + 현재형 어미

म यहाँ सुत्छु । 나는 여기에서 자요.
(सुत्नु → सुत् + छु = सुत्छु)

हामी काम गर्छौँ । 우리는 일을 해요.
(गर्नु → गर् + छौँ = गर्छौँ)

मेरो छोरो टिभी हेर्दैन । 내 아들은 텔레비전을 보지 않아요.
(हेर्नु → हेर् + दैन = हेर्दैन)

छोराछोरी माथि सुत्छन् । 자녀들은 위에서 자요.
(सुत्नु → सुत् + छन् = सुत्छन्)

② **동사 2, 3, 5형*의 동사 변화**

नु를 뺀 후 긍정문에서는 न्, 부정문에서는 ँ를 첨가하고 현재형 어미를 붙입니다.

| 긍정 |

-नु → - + न् + 현재형 어미

| 부정 |

-नु → ँ + 현재형 어미

म भोलि जान्छु । 저는 내일 가요.
(जानु → जा + न् + छु = जान्छु)

हामी पसलमा खाना खाँदैनौँ । 우리는 가게에서 밥을 안 먹어요.
(खानु → खाँ + दैनौँ = खाँदैनौँ)

③ 동사 4형(**-उनु**)의 동사 변화

नु를 빼고 ँ와 현재형 어미를 덧붙입니다.

| 긍정 · 부정 |

-उनु → -उँ + 현재형 어미

हामी चिया पिउँछौँ । 우리는 홍차를 마실게요.
(पिउनु → पिउँ + छौँ = पिउँछौँ)

म भोलि आउँदिनँ । 나는 내일 안 와요.
(आउनु → आउँ + दिनँ = आउँदिनँ)

✎ **TIP**

동사 2형: ानु / िनु
동사 3형: -ऀनु
동사 5형: ुनु

2 हुनु동사의 현재형 हुन्छ

छ, हो, हुन्छ 모두 हुनु동사를 기본형으로 하는 현재형이지만 다음과 같은 차이가 있습니다.

1) छ, हो

현재의 상태를 가리킬 때 사용합니다.

2) हुन्छ

① 특정 시제를 필요로 하지 않는 경우

② 미래를 가리킬 때

③ 허락과 금지의 조동사로 쓰이는 경우

✐ TIP

네팔 사람들은 시골의 물이 도시에서 공급되는 물보다 차다고 말합니다.

✐ TIP

अर्को은 형용사로 '다음, 다른'이라는 뜻으로 쓰이며, 명사로 쓰일 때는 '다른 것, 다른 이'를 뜻합니다.

✐ TIP

p.247 부록 <3. हुनु동사의 활용(현재형)> 참고

छ, हो 형태	हुन्छ
पानी चिसो छ। 물이 차요. (현재 상태)	गाउँको पानी चिसो हुन्छ। 시골의 물은 차요.* (일반적 사실 기술)
मेरो छोरा डाक्टर हो। 내 아들은 의사입니다. (현재 상태)	अर्को* महिना मेरो छोरा डाक्टर हुन्छ। 다음달에 내 아들은 의사가 됩니다. (미래에 있을 사실)

हुन्छ의 현재형 변화형*은 일반 동사의 변화형과 규칙이 동일합니다.

3 होला

추측하거나 의구심을 표현하기 위해서 문장 끝에 사용합니다.

आज आमा अफिस जानुहुन्न होला। 오늘 어머니는 사무실에 (아마도) 가지 않으실 거예요.

म भोलि जान्छु होला। 나는 내일 (아마도) 갈 것 같아요.

भोलि व्यस्त हुन्छु होला। 내일 (아마도) 바쁠 거예요.

किन होला? 왜일까요?

4 बजे ~시에

✐ TIP

मा와 함께 사용하지 않습니다.

숫자 + **बजे*** ~시에

कति बजे आउनुहुन्छ? 몇 시에 오세요?

एक बजे आउँछु। 한 시에 와요.

अभिव्यक्ति

5-2

1 하루의 때*

सबेरै [서베러이]	새벽	साँझ [상저허]	늦은 오후
बिहान [비하너]	아침	बेलुका [벨루까]	저녁
दिउँसो [디우소]	오후	राती [라띠]	밤

बिहान ७ बजे नास्ता खान्छौँ। 아침 7시에 아침을 먹어요.

दिउँसो गर्मी छ। 오후에는 더워요.

2 요일

बार [바르]	요일	बुधबार [부더바르]	수요일
आइतबार [아이떠바르]	일요일	बिहीबार [비히바르]	목요일
सोमबार [솜바르]	월요일	शुक्रबार [수끄러바르]	금요일
मङ्गलबार [멍걸바르]	화요일	शनिबार [서니바르]	토요일

शनिबार* छुट्टी हुन्छ। 토요일은 쉬어요.

बुधबार घर जान्छु। 수요일에 집에 가요.

TIP

मा와 함께 사용하지 않습니다.

TIP

보통 요일을 뜻하는 단어 다음에는 मा를 사용하지 않습니다.

3 빈도 부사

सधैँ [서더잉]	항상	प्रायजसो [쁘라예저소]	주로, 보통
हरेक दिन [허렉 딘]	매일	कहिलेकाहीँ [꺼힐레까힝]	가끔

सधैँ कफी पिउँछु। 항상 커피를 마셔요.

कहिलेकाहीँ गाउँ जान्छु। 가끔 시골에 가요.

4 접속사

접속사		뜻	역할
र [러]		그리고	연속된 개념의 단어와 문장을 연결
अनि [어니]		그리고	단어와 문장을 첨가할 때 사용
तर [떠러]		그러나	반대되는 문장을 연결
वा [와]	अथवा [어터와]	혹은	단어와 문장을 연결
त्यसोभए [뗴소버허에]		그러면	결론이 되는 문장 앞에 사용
त्यसैले [떼서일레]		그래서	결과가 되는 문장 앞에 사용
किनभने [끼너버허네]	किनकि [끼너끼]	왜냐하면	이유가 되는 문장 앞에 사용

आमा र छोरी 엄마와 딸

राम्रो छ तर किन्दिनँ। 좋지만 안 사요.

वास्तविक कुराकानी

5-3

अवस्था 1

상황 하루의 때 사용해서 일정 묻고 답하기

A: कतिखेर आउनुहुन्छ?
[꺼띠케러 아우누훈처?]

B: बिहान काम छ त्यसैले दिउँसो आउँछु।
[비하너 깜 처 떼서일레 디웅소 아웅추]

A: 언제 오십니까?

B: 아침에는 일이 있어서 오후에 오겠습니다.

कतिखेर 언제

अवस्था 2

상황 특정 요일의 일정 묻고 답하기

A: प्रायजसो शनिबार के गर्नुहुन्छ?
[쁘라예저소 서니바르 께 거르누훈처?]

B: म हरेक शनिबार फुटबल खेल्छु।
[머 허렉 서니바르 풉벌 켈추]

A: 보통 토요일에 무엇을 하십니까?

B: 나는 토요일마다 축구를 합니다.

अवस्था 3

상황 빈도 묻고 답하기

A: **तपाईं हरेक दिन व्यायाम गर्नुहुन्छ?**
[떠빠잉 허렉 딘 뱌얌 거르누훈처?]

B: **कहिलेकाहीं गर्छु।**
[꺼힐레까힝 거르추]

A: 당신은 매일 운동을 하십니까?

B: 가끔 합니다.

अवस्था 4

상황 미래의 상태 말하기

A: **चिया अहिले पिउनुहुन्न?**
[찌야 어힐레 삐우누훈너?]

B: **एकछिन पछि पिउँछु।**
[엑친 뻐치 삐웅추]

A: **तर पछि चिसो हुन्छ नि।**
[떠러 뻐치 찌소 훈처 니]

A: 차를 지금 안 드십니까?

B: 잠시 후 마시겠습니다.

A: 하지만 후에는 차가워지잖아요.

एकछिन 잠시

वाक्य

5-4

1 **कहिले** 동사현재형? 언제 ~합니까?

कहिले आउनुहुन्छ?	언제 오십니까?
कहिले जानुहुन्छ?	언제 가십니까?
कहिले सुरु हुन्छ?	언제 시작합니까?

2 **A बजे** 동사현재형। A시에 ~합니다.

६ बजे उठ्छु।	6시에 일어납니다.
९ बजे खाना खान्छु।	9시에 밥을 먹습니다.
१० बजे स्कुल जान्छु।	10시에 학교에 갑니다.
कति बजे सुत्नुहुन्छ?	몇 시에 주무십니까?

3 시간부사 **के गर्नुहुन्छ?** ~에 무엇을 하십니까?

आइतबार के गर्नुहुन्छ?	일요일에 무엇을 하십니까?
दिउँसो के गर्नुहुन्छ?	오후에 무엇을 하십니까?
सबेरै के गर्नुहुन्छ?	새벽에 무엇을 하십니까?

4 빈도부사 **बिहान कफी पिउँछु।** ~ 아침에 커피를 마십니다.

हरेक दिन बिहान कफी पिउँछु।	매일 아침에 커피를 마십니다.
प्रायजसो बिहान कफी पिउँछु।	보통 아침에 커피를 마십니다.
कहिलेकाहीँ बिहान कफी पिउँछु।	가끔 아침에 커피를 마십니다.

अभ्यास

1 다음 네팔어 단어와 의미가 일치하는 한국어 단어를 찾아 선으로 연결하세요.

1 आइतबार ·	· 일요일
2 मङ्गलबार ·	· 월요일
3 सोमबार ·	· 화요일
4 शनिबार ·	· 수요일
5 बुधबार ·	· 목요일
6 बिहीबार ·	· 금요일
7 शुक्रबार ·	· 토요일

2 <보기>의 단어를 시간 순서대로 적으세요.

보기

दिउँसो　बिहान　बेलुका　राती　साँझ

________ → ________ → ________

________ → ________

3 다음 빈칸에 들어갈 알맞은 단어를 <보기>에서 골라 문장을 완성하세요.

보기

अथवा　　तर　　त्यसोभए　　र

1 मेरो आमा ______ बुबालाई भन्नुहोस्।
우리 어머니 또는 아버지께 말씀하세요.

2 चिनी ______ कागती हाल्नु न।
설탕과 레몬을 넣으세요.

3 ______ कालो चिया दिनुस् है।
그러면 블랙티를 주세요.

4 दूध छ, ______ चिनी चाहिँ छैन।
우유는 있어요, 하지만 설탕은 없어요.

4 다음 빈칸에 들어갈 알맞은 단어를 <보기>에서 골라 문장을 완성하세요.

보기

सधैँ　　हरेक दिन　　प्रायजसो　　कहिलेकाहीँ

1 म ______ बिहान ६ बजे उठ्छु।
나는 매일 아침 6시에 일어난다.

2 म ______ बिहान चिया मात्र खान्छु।
나는 주로 아침에는 홍차만 먹는다.

3 म ______ गाउँ जान्छु।
나는 가끔 시골에 간다.

4 म ______ व्यस्त हुन्छु।
나는 항상 바쁘다.

पाठ 06

구매

एक बोतलको २५० हो।

한 병에 250루피예요.

कुराकानी

6-1

शब्दहरू

प्याकेट 봉지, 팩
बोतल 통
दुइटा 두 개
लानु 가져가다
सरफ 세제
एउटा 한 개
चालीस 40
असी 80
साबुन 비누
ऊ त्यो 저기 멀리
हरियो 녹색의
भयो 되었다
एकछिन 잠깐
हिसाब गर्नु 계산하다

मिना: **स्याम्पु दिनुहोस्।**
साहुजी: **प्याकेटको कि बोतलको?**
मिना: **प्याकेटको कति हो?**
साहुजी: **दुइटाको दस हो।**
मिना: **बोतल चाहिँ?**
साहुजी: **एक बोतलको २५० हो। कुन चाहिँ लाने?**
मिना: **बोतलको दिनुस् न। अनि सरफ पनि एउटा दिनु न है।**
साहुजी: **चालीसको र असीको छ, कुन चाहिँ लिने?**
मिना: **चालीसको लिने। अनि एउटा साबुन पनि दिनुस्। ऊ त्यो हरियो चाहिँ दिनु न। कति भयो?**
साहुजी: **एकछिन है, हिसाब गर्छु। ३१० भयो।**

미나: 샴푸 주세요.
주인: 낱개로요 아니면 통으로요?
미나: 낱개는 얼마예요?
주인: 두 개에 10루피예요.
미나: 통은요?
주인: 한 통에 250루피예요. 어느 것으로 가져갈래요?
미나: 통으로 주세요. 그리고 세제도 하나 주세요.
주인: 40루피짜리와 80루피짜리가 있어요. 어느 것으로 가져갈래요?
미나: 40루피짜리로 가져갈게요. 그리고 비누도 하나 주세요. 저기 녹색으로 주세요. 얼마예요?
주인: 잠깐만요, 계산할게요. 310루피예요.

व्याकरण

1 미래형 ने

1) 동사 변화

(1) 동사 기본형의 नु가 빠지고 ने가 붙습니다.

-नु → -ने

गर्नु → गर्ने　　जानु → जाने　　आउनु → आउने

(2) 부정형은 앞에 न가 붙습니다.

नगर्ने　　नजाने

2) 서술형으로 쓰이는 경우

(1) छ동사로 끝나는 경우: 주어에 따라 छ동사를 활용합니다.

-ने + छ-형। ~할 것이다. / ~할 예정이다.

① तपाईं 또는 उहाँ 같은 높임은 <동사 기본형 + हुनेछ> 형식을 따릅니다.

तपाईं आज जानुहुनेछ?　　당신은 오늘 가실 거예요?

② 높임을 제외한 격에서는 -ने에 주어의 격에 맞는 छ-형을 붙입니다.

जानेछु।　　갈 겁니다.

(2) हो동사로 끝나는 경우: 주어와 관계없이 हो로 끝납니다.

-ने हो। ~하려고요. / ~할 것이 맞다.

तपाईं आज जाने हो?　　당신은 오늘 가시려고요?

हो, म आज जाने हो।　　네, 저는 오늘 가려고요.

(3) **-ने**로 끝나는 경우: 주어와 관계없이 **-ने**로 끝납니다.

-ने। ~할래요.

तपाईँ आज जाने? 당신은 오늘 가실래요?

हो, म आज जाने। 네, 저는 오늘 갈래요.

3) 형용사로 쓰이는 경우

-ने + 명사 ~하는, ~할

पिउने पानी 먹는 물 / 먹을 물

बस्ने ठाउँ 지내는 곳 / 지낼 곳

पोखरामा जाने बस 포카라로 가는 버스

2 हुनु동사의 과거형 भयो

भयो는 '~해졌다/되었다'로 해석합니다. 동사 형태는 과거형이지만 현재의 상태를 가리킵니다.

주어	**भयो**형의 활용	
	긍정	부정
म	भएँ	भइनँ
हामी	भयौँ	भएनौँ
तपाईं / उहाँ	हुनुभयो	हुनुभएन
3인칭 낮춤	भयो	भएन
3인칭 복수	भए	भएनन्

तपाईँ सन्चो हुनुभयो? 당신은 건강해졌어요?

म ठीक भएँ। 나는 괜찮아졌어요.

चिया चिसो भयो। 차가 식었어요.

कति भयो? 얼마가 되었어요?

3 숫자/금액

TIP
p.249 부록 <5. 숫자> 참고

1) 십 단위*

10	20	30	40	50
१०	२०	३०	४०	५०
दस	बिस	तीस	चालीस	पचास
60	70	80	90	100
६०	७०	८०	९०	१००
साठी	सत्तरी	असी	नब्बे	सय

2) 백 단위

숫자 + **सय**

३०० → तीन सय 삼백

५०० → पाँच सय 오백

६५० → छ सय पचास 육백오십

3) 천 단위

숫자 + **हजार**

१,००० → एक हजार 천

३,००० → तीन हजार 삼천

३,६५० → तीन हजार छ सय पचास 삼천육백오십

१०,००० → दस हजार 만

4 단위

1) (수) + **वटा** ( )개

한 개	두 개	세 개	네 개	다섯 개
एक वटा (एउटा)	दुई वटा (दुइटा)	तीन वटा (तीनटा)	चार वटा	पाँच वटा

स्याम्पु एउटा 샴푸 한 개

साबुन दुइटा 비누 두 개

चम्चा तीनटा 숟가락 세 개

रुमाल चार वटा 수건 네 개

2) **के.जी** 무게

200g	1/2kg	1kg	2kg
एक पाउ	आधा के.जी	एक के.जी	दुई के.जी

लसुन एक पाउ 마늘 200g

गोलभेँडा आधा के.जी 토마토 500g

सुँगुरको मासु एक के.जी 돼지고기 1kg

3) **लिटर** 부피

1/2L	1L	2L
आधा लिटर	एक लिटर	दुई लिटर

दही आधा लिटर 요구르트 1/2L

दूध एक लिटर 우유 1L

5 번/횟수

1) **पटक** 번, 횟수

एक पटक	한 번
धेरै पटक	여러 번
अर्को पटक	다음번

2) **चोटि** 번, 횟수

एक चोटि	한 번
धेरै चोटि	여러 번
अर्को चोटि	다음번

3) **पालि** 번

पटक, चोटि 보다 좀 더 긴 기간을 가리키며 지시 형용사와 함께 쓰입니다.

यसपालि	이번
अर्कोपालि	다음번

अभिव्यक्ति

6-2

1 생활용품

महङ्गो	비싼	प्लेट	접시
सस्तो	싼	कप	잔
स्याम्पु	샴푸	गिलास	컵
साबुन	비누	छाता	우산
सरफ	세제	घडी	시계
कन्डिस्नर	컨디셔너	मोबाइल	휴대폰
रुमाल	수건	कपी	노트
सिरानी	베개	कलम	펜
सिरक	이불	किताब	책
चम्चा	숟가락	पत्रिका	신문
काँटा	포크	भित्तेपात्र	벽걸이 달력
ब्रस	칫솔	काँइयो	빗

2 식재료

मासु	고기	सब्जी / भेज	채소
कुखुराको मासु	닭고기	गेडागुडी	콩
सुँगुरको मासु	돼지고기	मुला	무
राँगाको मासु / बफ	물소고기	हरियो प्याज	파
गाईको मासु	소고기	लसुन	마늘
खसी	염소고기	साग	잎채소
अण्डा	계란	गोलभेँडा	토마토
दूध	우유	बन्दा	양배추
दही	요구르트	आलु	감자
चामल	쌀	प्याज	양파

वास्तविक कुराकानी

6-3

अवस्था 1

상황 음식점에서 주문하기

A: यहाँ खानेकुरा के छ?

B: चाउमिन, म:म र दालभात छ। तपाईं के खाने हो?

A: दालभात एक प्लेट दिनुस्।

B: भेज खाना खाने कि चिकेन?

A: भेज खाने। अनि यो पिउने पानी हो?

B: हो, पिउनुस्।

A: 여기에 무슨 음식이 있어요?

B: 볶음면, 만두, 정식이 있어요. 당신은 무엇을 드실래요?

A: 정식 한 접시 주세요.

B: 채식으로 하실래요 닭고기로 하실래요?

A: 채식으로 할게요. 그런데 이것은 마시는 물인가요?

B: 네, 드세요.

अवस्था 2

상황 마늘 구매하기

A: लसुन कति हो?

B: पाउको साठी रुपैँया हो।

A: ए, कत्ति महङ्गो भयो। एक पाउ मात्र दिनु।

B: अरू?

A: यति भयो।

A: 마늘은 얼마예요?

B: 200g에 60루피예요.

A: 아, 많이 비싸졌네요. 200g만 주세요.

B: 다른 것은요?

A: 이거면 됐어요.

यति 이 정도, 이만큼

अवस्था 3

상황 횟수 묻기

A: दिनमा चिया कति पटक पिउनुहुन्छ?

B: एकपटक पिउँछु।

A: कफी चाहिँ?

B: धेरै पटक पिउँछु।

A: 하루에 홍차를 몇 번 드세요?

B: 한 번 마셔요.

A: 커피는요?

B: 여러 번 마셔요.

वाक्य

6-4

1 -ने कि -ने? ~할래요, ~할래요?

जाने कि नजाने?

갈래요, 안 갈래요?

बस्ने कि जाने?

계실래요, 가실래요?

तातो पानी पिउने कि चिसो पानी?

따뜻한 물을 마실래요, 차가운 물을 마실래요?

चियामा चिनी हाल्ने कि नहाल्ने?

홍차에 설탕을 넣을까요, 넣지 말까요?

2 A(식품) B(단위)को कति हो? A B에 얼마예요?

कुखुराको मासु के.जीको कति हो?

닭고기 1kg에 얼마예요?

लसुन पाउको कति हो?

마늘 200g에 얼마예요?

दूध लिटरको कति हो?

우유 1L에 얼마예요?

स्याम्पु प्याकेटको कति हो?

샴푸 낱개에 얼마예요?

3 A B वटा दिनुहोस्। A B개 주세요.

रुमाल एउटा दिनुहोस्।
수건 한 개 주세요.

साबुन दुइटा दिनुहोस्।
비누 두 개 주세요.

चम्चा तीन वटा दिनुहोस्।
숟가락 3개 주세요.

कप चार वटा दिनुहोस्।
컵 4개 주세요.

4 कति A भयो? 몇 A가 되었어요?

कति पैसा भयो?
금액이 얼마예요?

कति वर्ष भयो?*
몇 년이 되었어요?

कति दिन भयो?
며칠이 되었어요?

कति उमेर भयो?
몇 살이 되었어요?

TIP

'나이가 얼마나 되었어요?'라는 의미로 쓰이기도 합니다.

उमेर 나이

अभ्यास

1 다음 네팔어 단어와 의미가 일치하는 한국어 단어를 찾아 선으로 연결하세요.

1 काँटा	·	· 세제
2 सरफ	·	· 우산
3 सिरक	·	· 숟가락
4 चम्चा	·	· 이불
5 घडी	·	· 시계
6 छाता	·	· 포크
7 साबुन	·	· 비누

2 다음 빈칸에 들어갈 알맞은 단어를 <보기>에서 골라 문장을 완성하세요.

보기

एउटा　　चार वटा　　तीनटा　　दुइटा

1 किताब ______________ 책 한 권

2 कलम ______________ 펜 두 개

3 काँटा ______________ 포크 세 개

4 कप ______________ 컵 네 개

3 다음이 가리키는 숫자를 쓰세요.

1 ४,३२० ....

2 १,२०९ ....

3 पाँच सय बीस ....

4 एक हजार तीन सय पचास ....

4 다음 빈칸에 들어갈 알맞은 말을 <보기>에서 골라 -ने로 끝나는 문장을 완성하세요.

보기

जानु पिउनु

1 भोलि ....? 내일 갈 거예요?

2 अहँ, ...। 아니요, 안 갈 거예요.

3 के ....? 무엇을 마시겠습니까?

4 दूध चिया ....। 밀크티를 마시겠습니다.

पाठ 07

교통

포카라까지 시간이 얼마나 걸려요?

पोखरासम्म कति घण्टा लाग्छ?

कुराकानी

7-1

मिना: **यो बस कहाँ जान्छ?**

टिकट काउन्टर: **यो पोखरा जान्छ।**

मिना: **एक जनाको कति हो?**

टिकट काउन्टर: **८०० हो।**

मिना: **हो र? पोहोर भन्दा महङ्गो भयो। पोहोर त ७०० थियो।**

टिकट काउन्टर: **दिदी, सबै सामान महङ्गो भयो। भाडा पनि किन महङ्गो नहुनु र?**

मिना: **अँ, त्यहीँ त। पोखरासम्म कति घण्टा लाग्छ?**

टिकट काउन्टर: **८ घण्टा लाग्छ। दिउँसो तीन बजे तिर पुग्छ।**

मिना: **सिट छ?**

टिकट काउन्टर: **छ। यहाँ बस्नुस्।**

मिना: **अझै अगाडिको सिट छैन?**

미나: 이 버스는 어디로 가나요?

매표원: 이것은 포카라에 갑니다.

미나: 한 사람에 얼마예요?

매표원: 800입니다.

미나: 그래요? 작년보다 비싸졌네요. 작년에는 700루피였어요.

매표원: 누님, 모든 물건이 비싸졌어요. 요금이라고 왜 안 오르겠습니까?

미나: 네, 그렇네요. 포카라까지 시간이 얼마나 걸리나요?

매표원: 8시간 걸려요. 오후 3시쯤 도착해요.

미나: 자리가 있나요?

매표원: 있어요. 여기에 앉으세요.

미나: 더 앞자리는 없나요?

शब्दहरू

बस 버스

टिकट काउन्टर 매표소

पोहोर 작년

सबै 모두

भाडा 요금

घण्टा 시간

तिर 쯤

पुग्नु 도착하다

सिट 자리

अझै 더

अगाडी 앞

व्याकरण

1 비교급

1) भन्दा ~보다

यो भन्दा त्यो राम्रो छ।
이것보다 저것이 좋다.

बस भन्दा प्लेन छिटो हुन्छ।
버스보다 비행기가 더 빠르다.

कुखुराको मासु भन्दा बफ महङ्गो छ।
닭고기보다 물소고기가 더 비싸다.

2) अझ 더

अझ अगाडिको सिटमा बस्छु।
더 앞자리에 앉겠습니다.

अझ दिनुहोस्।
더 주세요.

अझ टिभी हेर्छु।
텔레비전을 더 볼게요.

3) झन् 더 / 과거보다 더

झन् राम्रो भयो।
더 좋아졌습니다.

झन् सस्तो हुनेछ।
더 싸질 것입니다.

4) कम 더 적은 / 덜 / 줄여서

चिनी कम हाल्नुहोस्।
설탕을 줄여서 넣으세요.

यो महिनादेखि उहाँ कम खाना खानुहुन्छ।
이달부터 그분은 식사를 줄여서 하십니다.

2 हुनु동사의 과거형 थियो

과거의 상태를 말할 때 사용하며, '있었다', '~이었다', '~했다'로 해석합니다.

| 주어에 따른 동사 변형 |

주어	**थियो**형의 활용	
	긍정	부정
म	थिएँ	थिइनँ
हामी	थियौं	थिएनौं
तपाईं / उहाँ	हुनुहुन्थ्यो	हुनुहुन्नथ्यो
3인칭 낮춤	थियो	थिएन
3인칭 복수	थिए	थिएनन्

पोहोर भाडा ७०० थियो। 작년에 요금이 700이었어요.

यो पसलको दालभात मीठो थियो। 이 가게의 정식이 맛있었어요.

मेरो छोरा घरमा थियो। 내 아들은 집에 있었어요.

3 लाग्नु

1) '(시간이) 걸리다', '(비용이) 들다'라는 의미로 사용

पोखरासम्म कति घण्टा लाग्छ? 포카라까지 몇 시간 걸립니까?

पोखरासम्म कति पैसा लाग्छ? 포카라까지 얼마의 돈이 듭니까?

2) 동사 기본형에서 ु를 뺀 **-न** 형태와 함께 쓰여 '~하는데 ~걸리다/들다'라는 의미로 사용

खाना तयार हुन कति लाग्छ? 밥이 준비되는 데 얼마나 걸려요?

ट्रेकिङ गर्न कति पैसा लाग्छ? 등반하는 데 얼마의 돈이 들어요?

문맥상 의미가 명확하다면 **कति लाग्छ?**만 사용할 수도 있습니다.

ट्रेकिङ 등반, 트레킹

4 बाट, देखि, सम्म

बाट는 '부터', **देखि**는 '부터', **सम्म**는 '까지'라고 해석하며 시간과 장소 모두 의미합니다.

ठमेलदेखि चक्रपथसम्म कति पैसा लाग्छ?
터멜에서 쩌끄러빠트까지 얼마의 비용이 들어요?

यहाँबाट धेरै समय लाग्छ।
여기부터 시간이 오래 걸립니다.

5 किन न-नु? 분명히 ~한다

'왜 ~안 하겠어?'라고 해석하며 '분명히 ~한다'라는 의미로 사용합니다.

किन नआउनु? 왜 안 오겠어?

किन भाडा पनि महङ्गो नहुनु? 요금도 왜 안 비싸지겠어?

अभिव्यक्ति

7-2

1 교통수단

टिकट	표	रिक्सा	릭사
बसपार्क	터미널	टेम्पो	템포
टिकट काउन्टर	매표소	प्लेन	비행기
सिट	자리, 좌석	रेल	기차
गाडी	차	एयरपोर्ट	공항
बस	버스	बाटो/ सडक	도로
माइक्रोबस	승합차	बाइक	오토바이
ट्याक्सी	택시	साइकल	자전거
ड्राइभर	운전사	भाडा	교통요금/월세

2 이동 및 거리 표현

हिँड्नु	걷다/출발하다	अगाडि	앞, 앞의
पुग्नु	도착하다	पछाडि	뒤, 뒤의
चढ्नु	타다	छिटो	빠른
झर्नु	내리다/내려가다	ढिलो	느린/늦은
चलाउनु	운전하다	नजिक	가까운
टिकट काट्नु*	표를 끊다	छोटो	짧은
घटाउनु	줄이다, 깎다	टाढा	먼
लाग्नु	(시간이) 걸리다/ (비용이) 들다	लामो	긴
छुट्नु	놓치다	खाली	빈
बाटो खुल्नु	길이 열리다	बाटो बन्द हुनु	길이 막히다

काट्नु 자르다, 깎다, 베다, 끊다

3 시간

समय	시간, 기간	हप्ता	주
घण्टा	시간(시)	महिना	달
दिन	날	वर्ष	년/해

वास्तविक कुराकानी

7-3

अवस्था 1

상황 택시비 흥정하기

A: चक्रपथसम्म कति लिनुहुन्छ?

B: ५०० दिनु न।

A: आम्मा, कत्ति महङ्गो। अलि कम गर्नु न।

B: तपाईँ भन्नुस्, कति दिनुहुन्छ?

A: ४०० हुन्छ?

B: हुन्छ, बस्नुस्।

A: 짜끄러빠트까지 얼마 받으시나요?

B: 500 주세요.

A: 아이고, 너무 비싸네요. 좀 깎아주세요.

B: 말씀해 보세요, 얼마 주실래요?

A: 400 되나요?

B: 돼요, 앉으세요.

अवस्था 2

상황 시내버스 타기

A: भाइ यो बस कहाँ जान्छ?

B: कोटेश्वरसम्म जान्छ।

A: एयरपोर्ट पनि जान्छ?

B: जान्छ। आउनुहोस्।

A: 동생, 이 버스는 어디로 가요?

B: 꼬떼쉬르까지 가요.

A: 공항도 가요?

B: 가요. 오세요.

अवस्था 3

상황 매표소에서 표 구매하기

A: बुटवल जाने बस छ?
B: छ, दिनमा जाने कि राती?
A: दिनमा कति बजे जान्छ?
B: बिहान ७ बजे।
A: ७ बजेको दुइटा दिनुस्। ड्राइभरको पछाडिको सिट छ?
B: छ।

A: 부떠월로 가는 버스가 있나요?
B: 있어요. 낮 편으로 가시겠어요 아니면 밤 편으로 가시겠어요?
A: 낮 편은 몇 시에 가요?
B: 아침 7시요.
A: 7시로 두 장 주세요. 운전기사 뒷자리 좌석이 있나요?
B: 있어요.

अवस्था 4

상황 근무 일정 묻기

A: कुन बारदेखि कुन बारसम्म तपाईँको काम छ?
B: हरेक सोमबारदेखि शुक्रबारसम्म छ।
A: कति बजेबाट तपाईँको काम सुरु हुन्छ?
B: १० बजेदेखि सुरु हुन्छ।

A: 어느 요일부터 어느 요일까지 당신의 일이 있습니까?
B: 매 월요일부터 금요일까지 있습니다.
A: 몇 시부터 당신의 일이 시작합니까?
B: 10시부터 시작합니다.

वाक्य

7-4

1 कति A(시간/비용) लाग्छ? A가 얼마나 걸립니까/듭니까?

कति घण्टा लाग्छ?	시간이 얼마나 걸립니까?
कति समय लाग्छ?	시간이 얼마나 걸립니까?
कति पैसा लाग्छ?	돈이 얼마나 듭니까?

2 Aदेखि/बाट Bसम्म A에서 B까지

कहिलेदेखि कहिलेसम्म	언제부터 언제까지
कहाँबाट कहाँसम्म	어디부터 어디까지
कोरियाबाट नेपालसम्म	한국에서 네팔까지

3 हिजो 형용사 थियो। 어제 ~했다.

हिजो बिरामी थियो।	어제 아팠다.
हिजो कोठा सफा थियो।	어제 방이 깨끗했다.
हिजो रमाइलो थियो।	어제 재미있었다.

4 Aमात्र छ। A만 있다. / A밖에 없다.

यो पसलमा म:म मात्र छ।	이 가게에는 만두밖에 없다.
मसँग एक बोतल पानी मात्र छ।	나한테 물 한 병밖에 없다.
बाटोमा बस थोरै मात्र छ।	길에 버스가 조금밖에 없다.

अभ्यास

1 다음 네팔어 단어와 의미가 일치하는 한국어 단어를 찾아 선으로 연결하세요.

1 टिकट •	• 표
2 बसपार्क •	• 좌석
3 टिकट काउन्टर •	• 차
4 सिट •	• 터미널
5 गाडी •	• 매표소
6 बस •	• 버스
7 प्लेन •	• 요금/월세
8 भाडा •	• 비행기

2 다음 빈칸에 들어갈 알맞은 말을 <보기>에서 골라 문장을 완성하세요.

보기

छिटो छोटो टाढा ढिलो नजिक

1 बस भन्दा प्लेन ______________ हुन्छ।
버스보다 비행기가 빠릅니다.

2 बाइक भन्दा साइकल ______________ हुन्छ।
오토바이보다 자전거가 느립니다.

3 पोखरा भन्दा बुटवल ______________ छ।
포카라보다 부떠월이 멀어요.

4 कोरिया भन्दा चीन ______________ छ।
한국보다 중국이 가까워요.

5 कुन चाहिँ बाटो अझ ______________ छ?
어떤 길이 더 짧습니까?

3 다음 빈칸에 들어갈 알맞은 말을 <보기>에서 골라 문장을 완성하세요.

보기

थियो भयो

1 हिजोसम्म प्याज के.जीको ५० ______ ।

어제까지 킬로에 50이었어요.

हो, आजदेखि ६० ______ ।

오늘부터 킬로에 60이 되었어요.

2 पोहोर बाटो नराम्रो ______ ।

작년에는 길이 좋지 않았어요.

तर अहिले बाटो राम्रो ______ ।

하지만 지금은 길이 좋아졌어요.

4 다음 해석에 맞게 문장을 작문하세요.

1 포카라까지 시간이 얼마나 걸려요?

______

2 이것보다 저것이 좋아요.

______

3 한 사람에 얼마입니까?

______

4 이 버스는 몇 시에 갑니까?

______

5 자리가 있어요?

______

पाठ

08 मैले छुट्टी लिएँ।

여행

나는 휴가를 받았어요.

कुराकानी

8-1

शब्दहरू

क्या 놀람, 의심을 나타내는 감탄사

घुम्नु 돌다, 여행하다

लेइक साइड 레이크 사이드(포카라 지역의 호수 주변 관광지)

सराङ्कोट 사랑곳(히말라야가 잘 보이는 관광지)

माछापुच्छ्रे 마차푸차레(히말라야 산봉우리 중 하나)

एकदम 매우, 대단히

सुन्दर 아름다운

सन्तोष: **म्याम, तपाईँले अस्ति छुट्टी लिनुभयो? मैले त्यो दिन तपाईँलाई देखिनँ।**

मिना: **हजुर, मैले छुट्टी लिएँ।**

सन्तोष: **बिरामी हुनुभयो कि क्या हो?**

मिना: **होइन, घुम्न गएँ।**

सन्तोष: **हो र? कहाँ घुम्न जानुभयो?**

मिना: **पोखरा गएँ।**

सन्तोष: **ए हो। ट्रेकिङ पनि जानुभयो?**

मिना: **गइनँ। समय पुगेन। लेइक साइड र सराङ्कोटमात्र गएँ।**

सन्तोष: **माछापुच्छ्रे चाहिँ देख्नुभयो?**

मिना: **देखेँ, एकदम सुन्दर थियो।**

선또스: 선생님, 그저께 휴가를 받으셨어요? 저는 그날 선생님을 보지 못했어요.

미나: 네, 나는 휴가를 받았어요.

선또스: 아프셨던 거예요 뭐예요?

미나: 아니요, 여행을 갔어요.

선또스: 그래요? 어디로 여행을 가셨어요?

미나: 포카라에 갔어요.

선또스: 그렇군요. 등산도 가셨어요?

미나: 안 갔어요. 시간이 충분하지 않았어요. 레이크 사이드와 사랑곳만 갔어요.

선또스: 마차푸차레를 보셨어요?

미나: 봤어요, 대단히 아름다웠어요.

व्याकरण

1 과거형

1) 과거의 어느 시점에 있었던 일을 기술할 때 사용

2) 과거형의 동사변형

(1) **तपाईँ**와 **उहाँ**같은 높임의 격의 주어와 함께 쓰일 경우

| 긍정 |

-नु → -नुभयो

तपाईँ अस्ति जानुभयो? 당신은 그저께 가셨어요?

बुबा अस्ति घरमा बस्नुभयो। 아버지는 그저께 집에 계셨어요.

| 부정 |

-नु → -नुभएन

उहाँ अस्ति आउनुभएन। 그분은 그저께 오지 않으셨어요.

आमाले अस्ति म:म खानुभएन। 어머니는 그저께 만두를 드시지 않았어요.

(2) 높임 외의 주어와 함께 쓰일 경우

동사 기본형에서 동사 유형에* 따라 नु / उनु / अनु를 빼고 과거형 어미를 붙입니다.

| 낮춤 주어의 격에 따른 과거형 어미* |

주어	과거형 어미	
	긍정	부정
म	-एँ	-इनँ
हामी	-यौँ	-एनौँ
3인칭 낮춤	-यो	-एन
3인칭 복수	-ए	-एनन्

TIP
p.51 4과 1 동사 기본형 참고

TIP
p.250 부록 <6. 과거형 어미> 참고

TIP

동사 1형: -्नु
동사 2형: ानु / िनु

① 동사 1형 / 동사 2형*의 동사변화

नु가 빠지고 표에 있는 과거형 어미가 붙습니다.

| 동사 1형 |

-्नु → -् + 과거형 어미

| 동사 2형 |

-नु → - + 과거형 어미

म यहाँ सुतेँ। 나는 여기에서 잤어요.
(सुत्नु → सुत् + एँ = सुतेँ)

हामीले खाना खायौँ। 우리는 밥을 먹었어요.
(खानु → खा + यौँ = खायौँ)

छोराछोरीले पैसा दिएनन्। 자녀들이 돈을 주지 않았어요.
(दिनु → दि + एनन् = दिएनन्)

TIP

동사 3형: -्नु
동사 4형: -उनु

② 동사 3형 / 동사 4형*의 동사변화

अनु/उनु가 빠지고 과거형 어미가 붙습니다.

| 동사 3형 |

-्नु → -् + 과거형 어미

| 동사 4형 |

-उनु → - + 과거형 어미

म छिटो फर्कें। 나는 빨리 돌아왔어요.
(फर्कनु → फर्क् + एँ = फर्कें)

हामी भर्खरै आयौँ। 우리는 방금 왔어요.
(आउनु → आ + यौँ = आयौँ)

मेरो छोरोले दुध पियो। 내 아들은 우유를 마셨어요.
(पिउनु → पि + यो = पियो)

③ 동사 5형(ु नु)*의 동사변화

ु가 ो로 바뀌고 नु가 빠진 자리에 과거형 어미가 붙습니다.

ुनु → ो + 과거형 어미

मन छोयो । 감동했어요.
(छुनु → छो + यो = छोयो)

मैले लुगा धोएँ । 나는 옷을 빨았어요.
(धुनु → धो + एँ = धोएँ)

बच्चा रोयो ? 아이가 울었어요?
(रुनु → रो + यो = रोयो)

④ 불규칙

ⓐ जानु: जा가 ग로 바뀌고 नु가 빠진 자리에 과거형 어미가 붙습니다.

जानु → ग + 과거형 어미

म काममा गएँ । 나는 일을 갔어요.
(जानु → ग + एँ = गएँ)

हामी हिजो स्कुल गएनौँ । 우리는 어제 학교에 가지 않았어요.
(जानु → ग + एनौँ = गएनौँ)

ⓑ हुनु: हु가 भ 또는 थि로 바뀌고 नु가 빠진 자리에 과거형 어미가 붙습니다.

[भ-형*]

हुनु → भ + 과거형 어미

[थि-형*]

हुनु → थि + 과거형 어미

TIP
동사 5형: ुनु

TIP
p.75 6과 ❷ हुनु동사의 과거형 भयो 참고

TIP
p.88 7과 ❷ हुनु동사의 과거형 थियो 참고

2 ले의 용법

1) 타동사가 서술어로 쓰인 과거형 문장의 주어와 함께 사용

तपाईँले खाना खानुभयो? 당신은 밥을 먹었어요?

हामीले काम गर्‍यौँ। 우리는 일을 했어요.

2) 타동사가 서술어로 쓰인 현재형 문장에서 주어를 강조하고 싶을 때 사용

तपाईँले भेज खाना खानुहुन्छ? 당신은 채식으로 드시겠어요?

आज चाहिँ हामीले काम गर्छौँ। 오늘은 우리가 일을 할게요.

3) 원인, 도구가 되는 명사 뒤에 넣어 '~때문에, ~로 인해서'라는 의미로 사용(**ले**에 **गर्दा**를 덧붙이기도 함)

(1) 원인

कोरोनाले सबै सामान महङ्गो भयो। 코로나로 모든 물건이 비싸졌어요.

तपाईँले गर्दा म ढिलो भएँ। 당신 때문에 나는 늦었어요.

(2) 도구

यो ओपनरले बियर खोल्नुहोस्। 이 병따개로 맥주를 여세요.

대명사 뒤에 쓰일 경우 앞 대명사의 형태가 바뀌는 경우도 있습니다.

म → मैले

ऊ → उसले

3 -न형의 사용

동사 기본형의 -नु를 -न로 바꾸면 '~려고', '~하러', '~하려는 목적으로'라는 의미를 갖게 됩니다.

बिदामा पोखरा घुम्न जान्छु। 휴일에는 포카라에 여행하러 가요.

खाजा खान मकहाँ* आउनु न। 간식을 드시러 우리집에 오세요.

TIP

'명사/대명사 + कहाँ'은 '~가 있는 곳'을 의미합니다.

4 पुग्नु

1) 도착하다, 이르게 되다

A: **यो बस कहिले पुग्छ?** 이 버스는 언제 도착해요?

B: **७ बजे तिर पुग्छ, होला।** 7시쯤에 도착할 것 같아요.

2) 충분하다

A: **भात पुग्यो?** 밥이 충분해요?

B: **पुग्यो, अझ नहाल्नु।** 충분해요, 더 넣지 마세요.

5 हेर्नु와 देख्नु의 차이점

1) हेर्नु

의식과 목적을 가지고 보는 행위를 가리키며, '두고 지켜 보다'라는 뜻으로도 쓰입니다.

टिभी हेरेँ। 텔레비전을 보았어요.

उता हेर्नुस् न। 저기를 보세요.

2) देख्नु

의도 없이 보게 된 경우를 나타냅니다.

मैले हिजो तपाईंलाई देखेँ। 나는 어제 당신을 보았어요.

आज बिहान हिमाल देख्नुभयो? 오늘 아침에 설산을 봤어요?

6 कि क्या हो?

문장 + **कि क्या हो**? ~한 거예요, 뭐예요?

문장 뒤에 붙어 궁금한 마음을 드러내는 표현입니다.

बिरामी हुनुभयो कि क्या हो? 아프셨던 거예요, 뭐예요?

आज आउनुहुन्न कि क्या हो? 오늘 안 오시는 거예요, 뭐예요?

अभिव्यक्ति

8-2

1 여행/관광

यात्रा	여행	छुट्टी	휴가
घुम्नु	여행하다	बिदा	휴가
डुल्नु	산책하다	आराम गर्नु	쉬다
बुकिङ गर्नु	예약하다	बजेट	예산
चढ्नु	오르다/타다	पार्क	공원
तयार गर्नु	준비하다	ताल	호수
लज	숙소	पहाड	산
रुम	방	हिमाल	설산
गाइड	가이드	ट्रेकिङ	등산

2 시점 표현

과거		현재		미래	
हिजो	어제	आज	오늘	भोलि	내일
अस्ति	그제*			पर्सि	모레
गएको हप्ता अस्तिको हप्ता	지난주			आउने हप्ता अर्को हप्ता	다음주
गएको महिना अस्तिको महिना	지난달			आउने महिना अर्को महिना	다음달
पोहोर गएको वर्ष	작년			आउने वर्ष अर्को वर्ष	내년

TIP

*여러 날 전을 가리키는 표현으로 도 사용합니다.

अघि/अगाडि	이전에, 좀 전에	अहिले	지금
भर्खरै	막	अब	곧, 이제
बल्ल	이제서야, 드디어	पछि	나중에, 이따가

3 정도 부사

एकदम	매우	अलि	좀
धेरै	많이	साँच्चै	정말

वास्तविक कुराकानी

8-3

अवस्था 1

상황 어제 한 일 묻고 답하기

A: हिजो तपाईं कालिमाटी जानुभयो?

B: हो, मलाई देख्नुभयो?

A: हजुर, म पनि त्यहाँ गएँ नि। तरकारी किन्न जानुभयो कि?

B: हजुर, मुला किन्न गएँ।

A: 어제 당신은 깔리마띠에 가셨나요?

B: 네, 저를 보셨어요?

A: 네, 나도 그곳에 갔었지요. 채소를 사러 가셨나요?

B: 네, 무를 사러 갔어요.

कालिमाटी 깔리마띠(카트만두의 농산물 시장이 있는 곳)

अवस्था 2

상황 숙소 잡기

A: नमस्ते, यहाँ रुम खाली छ?

B: छ।

A: एकदिनको कति हो?

B: २,००० हो। कति दिन बस्ने हो?

A: दुई दिन बस्ने। एकचोटि रुम हेर्छु, ठीक छ?

A: 안녕하세요, 여기 빈방이 있나요?

B: 있어요.

A: 하루에 얼마예요?

B: 2000루피예요. 며칠 지내실 거예요?

A: 이틀 지낼 거예요. 한번 방을 볼게요, 괜찮을까요?

अवस्था 3

상황 숙소 체크인하기

A: नमस्ते। तपाईँहरूले बुकिङ गर्नुभयो कि?

B: हजुर। आगोराबाट।

A: तपाईँको नाम के हो?

B: खीम मिना हो।

A: तपाईँको रुम नम्बर २०३ हो। अनि यो तपाईँको साँचो हो। भोलि बिहान कति बजे नास्ता खानुहुन्छ?

B: ७ बजे खान्छौँ।

A: 안녕하세요. 당신들은 예약을 하셨습니까?

B: 네. 아고라에서요.

A: 당신의 이름은 무엇입니까?

B: 김미나예요.

A: 방 번호는 203호입니다. 그리고 이것은 당신의 열쇠입니다. 내일 아침 몇 시에 아침을 드시겠습니까?

B: 7시에 먹을게요.

वाक्य

8-4

1 म Aमा गएँ। 나는 A에 갔어요.

म स्कुलमा गएँ। 나는 학교에 갔어요.

म पार्कमा गएँ। 나는 공원에 갔어요.

म भक्तपुरमा गएँ। 나는 박타푸르에 갔어요.

म ठमेलमा गएँ। 나는 터멜에 갔어요.

2 म -न आएँ। 나는 ~하러 왔어요.

म घुम्न आएँ। 나는 여행하러 왔어요.

म हिमाल चढ्न आएँ। 나는 히말라야를 등반하러 왔어요.

म नेपाली खाना खान आएँ। 나는 네팔 음식을 먹으러 왔어요.

म स्वंयम् सेवा गर्न आएँ। 나는 자원봉사를 하러 왔어요.

3 मैले A/Aलाई देखें। 나는 A를 봤어요.

मैले तपाईँलाई देखेँ। 나는 당신을 봤어요.

मैले हिमाल देखेँ। 나는 히말라야를 봤어요.

मैले दरबार देखेँ। 나는 궁전을 봤어요.

मैले बाटोमा दिदीलाई देखेँ। 나는 길에서 언니를 봤어요.

4 तपाईं कहिले -नुभयो? 당신은 언제 ~셨어요?

तपाईँ कहिले आउनुभयो? 당신은 언제 오셨어요?

तपाईँ कहिले जानुभयो? 당신은 언제 가셨어요?

तपाईँ कहिले सुत्नुभयो? 당신은 언제 주무셨어요?

तपाईँ कहिले उठ्नुभयो? 당신은 언제 일어나셨어요?

5 정도부사 रमाइलो थियो। ~ 재밌었어요.

एकदम रमाइलो थियो। 매우 재밌었어요.

अलि रमाइलो थियो। 조금 재밌었어요.

धेरै रमाइलो थियो। 많이 재밌었어요.

साँच्चै रमाइलो थियो। 정말 재밌었어요.

अभ्यास

1 다음 해석에 맞는 단어의 짝을 찾아 선으로 연결하세요.

1	설산을 보다	हिमाल ·		· चलाउनु
2	표를 끊다	टिकट ·		· काट्नु
3	버스에 타다	बस ·		· बुकिङ गर्नु
4	오토바이를 운전하다	बाइक ·		· लिनु
5	공원을 산책하다	पार्क ·		· चढ्नु
6	휴가를 받다	बिदा ·		· देख्नु
7	방을 예약하다	रुम ·		· डुल्नु

2 다음 빈칸에 들어갈 알맞은 말을 <보기>에서 골라 문장을 완성하세요.

보기

अहिले　आज　भोलि　पछि　हिजो

1 ______________ व्यस्त छु। ______________ फोन गर्छु।

지금은 바빠요. 나중에 전화할게요.

2 म ______________ आउँछु।

나는 내일 올게요.

3 तपाईं ______________ कहाँ हुनुहुन्थ्यो?

당신은 어제 어디에 있었습니까?

4 ______________ बिहान छिट्टै उठें।

오늘 아침에 일찍 일어났다.

3 다음 빈칸에 들어갈 알맞은 말을 <보기>에서 골라 문장을 완성하세요.

보기

एकदम　धेरै　अलि　साँच्चै

1 ______ राम्रो छ। 　매우 좋아요.

2 तातो पानी ______ दिनुस्। 　따뜻한 물을 조금 주세요.

3 हिजो ______ रमाइलो थियो। 　어제 정말 재밌었어요.

4 ______ धन्यवाद। 　대단히 감사합니다.

4 다음 주어진 단어를 사용하여 해석에 맞게 문장을 작문하세요.

1 A: ______ (जानु)

당신은 어제 어디에 갔습니까?

B: ______ (ठमेल, जानु)

나는 터멜에 갔습니다.

2 A: ______ (ठमेल, गर्नु)

터멜에서 무엇을 하셨습니까?

B: ______ (कोरियन, खानु)

한국 음식을 먹었습니다.

पाठ 09

여가 활동

अहिले कति बज्यो?

지금 몇 시예요?

कुराकानी

9-1

मिनु: **तपाईँलाई प्रायजसो कस्तो फिल्म हेर्न मन पर्छ?**

सुस्मा: **मलाई कमेडी हेर्न मन पर्छ।**

मिनु: **त्यसोभए यो फिल्म हेरौँ। यो फिल्म कति बजे सुरु हुन्छ? थाह छ?**

सुस्मा: **थाह छ। १० बजे सुरु हुन्छ।**

मिनु: **अहिले कति बज्यो?**

सुस्मा: **अहिले साढे नौ भयो।**

मिनु: **कुन चाहिँ सिटमा बस्ने हो?**

सुस्मा: **अलि अगाडिको सिटमा बस्न मन लाग्यो।**

민우: 당신은 보통 어떤 영화를 보는 것을 좋아해요?

수스마: 저는 코미디 보는 것을 좋아해요.

민우: 그럼 이 영화를 봅시다. 이 영화는 몇 시에 시작해요? 아세요?

수스마: 알아요. 10시에 시작해요.

민우: 지금 몇 시예요?

수스마: 지금은 9시 30분이에요.

민우: 어느 자리에 앉을래요?

수스마: 좀 앞자리에 앉고 싶어요.

शब्दहरू

फिल्म 영화

कमेडी 코미디

बज्नु 울리다 / ~시가 되다

साढे 반

मिनेट 분

व्याकरण

1 시간 묻고 답하기

1) 현재 시간 묻기

बज्नु(울리다) 동사의 과거형을 사용하여 현재 시간을 묻습니다.

कति बज्यो ? 몇 시예요?

2) 현재 시간 대답하기

(1) 시간만 말할 경우

नौ बज्यो । 9시입니다.

(2) 시간과 분을 함께 말하는 경우

सवा(15분), **साढे**(반), **पौने**(15분 전)을 사용하며 **भयो** 또는 **बज्यो**와 함께 쓰입니다.

सवा नौ भयो । (= सवा नौ बज्यो ।) 9시 15분입니다.

साढे नौ भयो । (= साढे नौ बज्यो ।) 9시 반입니다.

पौने नौ भयो । (= पौने नौ बज्यो ।) 9시 15분 전입니다.

(3) 현재의 정확한 시와 분을 말하는 경우

이 경우에는 **बज्यो**를 사용하지 않습니다.

(시) (분) **भयो।** ~시 ~분이에요.

नौ दस भयो । 9시 10분이에요.

आठ बीस भयो । 8시 20분이에요.

2 청유형

동사 기본형에서 नु를 빼고 औँ을 붙이면 청유형이 됩니다. 단, -ॅनु(동사 3형) / -उनु(동사 4형)의 경우는 अनु/उनु를 빼고 औँ을 덧붙입니다.

हामी अब जाऔँ। 우리 이제 갑시다.

हामी सँगै खाऔँ। 우리 같이 먹읍시다.

3 मन लाग्नु ~하고 싶다

1) **Aलाई -न मन लाग्यो*।** A는 ~하고 싶어요.

मलाई सुत्न मन लाग्यो। 나는 자고 싶어요.

2) **Aलाई -न मन लाग्छ*।** A는 ~하기를 좋아한다.

तपाईँलाई नेपाल घुम्न मन लाग्छ? 당신은 네팔을 여행하기를 좋아합니까?

과거형 **मन लाग्यो**는 지금 하고 싶은 것에 쓰이고, 현재형 **मन लाग्छ**은 평소에 하고 싶어 하는 것을 가리키므로 '좋아한다'라고 해석합니다.

TIP
부정형은 **लागेन**입니다.

TIP
부정형은 **लाग्दैन**입니다.

4 मन पर्छ 좋아해요

TIP

부정형은 **पर्दैन**입니다.

1) **A लाई B मन पर्छ*।** A는 B를 좋아해요.

मलाई पोखरा मन पर्छ। 나는 포카라가 좋아요.

तपाईँलाई दालभात मन पर्छ? 당신은 달밧을 좋아합니까?

2) **A लाई -न मन पर्छ।** A는 ~하기를 좋아해요.

उहाँलाई नेपालमा बस्न मन पर्छ। 그는 네팔에서 지내는 것을 좋아해요.

मलाई पौडी खेल्न मन पर्छ। 나는 수영하는 것을 좋아해요.

5 थाह हुनु 안다

थाह हुनु는 '지식이 있다'라고 직역할 수 있지만, 보통은 '알다'라는 의미로 쓰이며 지식이 있는 사람 뒤에 **लाई**가 쓰입니다. 지식이 주어이기 때문에 **हुनु**동사는 3인칭 낮춤에 맞게 활용합니다.

A लाई B थाह हुनु। A는 B를 안다.

मलाई तपाईँको नाम थाह छ। 나는 당신의 이름을 알아요.

तपाईँलाई थाह थियो? 당신은 알았어요?

थाह थिएन। 몰랐어요.

अभिव्यक्ति

9-2

1 대중문화

रेडियो	라디오	टि.भी	텔레비전
फिल्म	영화	गायक	가수
हिरो	남배우	हिरोइन	여배우

2 운동 및 취미

खेलकुद हेर्नु	경기를 보다	गेम खेल्नु	게임하다
व्यायाम गर्नु	운동하다	नाच्नु	춤추다
दौडनु	달리다	गीत गाउनु	노래 부르다
खेल्नु	놀다	किताब पढ्नु	독서하다
ब्याडमिन्टन खेल्नु	배드민턴을 치다	चित्र कोर्नु	그림 그리다
जगिङ्ग गर्नु	조깅하다	बजाउनु	연주하다
फुटबल खेल्नु	축구하다	गफ गर्नु	수다를 떨다
पौडी खेल्नु	수영하다	कुरा गर्नु	이야기하다

3 여가 생활 장소

सिनेमा हल	극장	क्याफे	커피숍
जिम	헬스장	लाइब्रेरी	도서관
इन्टरनेट क्याफे	피시방	स्विमिङ पुल	수영장

वास्तविक कुराकानी

9-3

अवस्था 1

상황 시간 묻고 답하기

A: कति बज्यो?

B: सवा तीन भयो।

A: ए, ढिलो भयो। अब जाऔँ।

A: 몇 시예요?

B: 3시 15분이에요.

A: 아이고, 늦었네요. 이제 갑시다.

ए 아, 아이고(상대의 말에 호응하거나 놀람을 표현하는 감탄사)

अवस्था 2

상황 취미 묻고 답하기

A: तपाईँ साधारण बिदामा के गर्नुहुन्छ?

B: म त ब्याडमिन्टन खेल्छु।

A: तपाईँलाई ब्याडमिन्टन खेल्न मन पर्छ?

B: एकदम, तपाईँ आउने शनिबार १० बजे मसँग एकचोटि जाने हो?

A: 당신은 보통 휴일에 무엇을 하세요?

B: 나는 배드민턴을 쳐요.

A: 당신은 배드민턴 치는 것을 좋아하세요?

B: 무척이요, 오는 일요일 10시에 저와 한번 가실래요?

साधारण 보통, 일반적으로

अवस्था 3

상황 보고 싶은 영화 말하기

A: हामी सँगै फिल्म हेरौँ।

B: हुन्छ नि, तपाईँलाई कस्तो फिल्म हेर्न मन लाग्यो?

A: मलाई चाहिँ कमेडी हेर्न मन लाग्यो। तपाईँलाई नि?

B: मलाई पनि कमेडी नै मन लाग्यो*।

A: 우리 같이 영화를 봅시다.

B: 그래요, 당신은 어떤 영화를 보고 싶으세요?

A: 나는 코미디를 보고 싶어요. 당신은요?

B: 나도 코미디가 좋아요.

TIP

문맥상 हेर्न는 생략됩니다.

अवस्था 4

상황 노래 제목과 가수 묻고 답하기

A: तपाईँलाई यो गीतको नाम थाह छ?

B: थाह छ। रेशम फिरिरि हो।

A: यो गीतको गायक को हो?

B: खै, थाह छैन।

A: 당신은 이 노래의 제목을 알아요?

B: 알아요. 래섬 피리리예요.

A: 이 노래의 가수가 누구예요?

B: 글쎄요, 몰라요.

वाक्य

9-4

1 **Aलाई थाह छ/थियो।** A는 알아요/알았어요.

तपाईँलाई थाह छ?	당신은 알아요?
मलाई थाह छ।	나는 알아요.
उहाँलाई थाह थियो?	그분은 아셨어요?
उहाँलाई थाह थिएन।	그분은 몰랐어요.

2 **A(수) बज्यो।** A 시예요.

कति बज्यो?	몇 시예요?
भर्खरै दस बज्यो।	막 열 시예요.
ठ्याक्कै एक बज्यो।	딱 한 시예요.
बल्ल तीन बज्यो।	아직 세 시예요.

3 **मलाई -न मन लाग्यो।** 나는 ~하고 싶어요.

मलाई अहिले सुत्न मन लाग्यो।	나는 지금 자고 싶어요.
मलाई आराम गर्न मन लाग्यो।	나는 쉬고 싶어요.
मलाई कफी पिउन मन लाग्यो।	나는 커피를 마시고 싶어요.
मलाई एकछिन बाहिर जान मन लाग्यो।	나는 잠깐 밖에 나가고 싶어요.

4 मलाई -न मन पर्छ। 나는 ~하기를 좋아해요.

मलाई पौडी खेल्न मन पर्छ।	나는 수영하기를 좋아해요.
मलाई गेम खेल्न मन पर्छ।	나는 게임하기를 좋아해요.
मलाई गीत गाउन मन पर्छ।	나는 노래 부르기를 좋아해요.
मलाई नाच्न मन पर्छ।	나는 춤추기를 좋아해요.

5 हामी सँगै -औँ। 우리 같이 ~합시다.

हामी सँगै जाऔँ।	우리 같이 갑시다.
हामी सँगै फुटबल खेलौँ।	우리 같이 축구합시다.
हामी सँगै फिल्म हेरौँ।	우리 같이 영화를 봅시다.
हामी सँगै गफ गरौँ।	우리 같이 수다를 떱시다.

अभ्यास

1 다음 네팔어 단어와 의미가 일치하는 한국어 단어를 찾아 선으로 연결하세요.

1 व्यायाम गर्नु •	• 수영하다
2 दौडनु •	• 달리다
3 खेल्नु •	• 운동하다
4 फुटबल खेल्नु •	• 이야기하다
5 पौडी खेल्नु •	• 노래를 부르다
6 नाच्नु •	• 춤추다
7 गीत गाउनु •	• 놀다
8 कुरा गर्नु •	• 축구하다

2 다음 빈칸에 들어갈 알맞은 말을 <보기>에서 골라 -औँ형으로 활용하여 문장을 완성하세요.

보기

खानु　　खेल्नु　　गर्नु　　पिउनु

1 हामी सँगै खाना ________ । 우리 같이 식사를 합시다.

2 हामी सँगै चिया ________ । 우리 같이 차를 마십시다.

3 हामी सँगै पौडी ________ । 우리 같이 수영합시다.

4 हामी सँगै कुरा ________ । 우리 같이 이야기합시다.

③ 다음 빈칸에 들어갈 알맞은 말을 <보기>에서 골라 문장을 완성하세요.

보기

बज्यो　　पौने　　सवा　　साढे

1 चार ______। 　4시예요.

2 ______ चार भयो। 　4시 15분이에요.

3 ______ चार भयो। 　4시 반이에요.

4 ______ चार बज्यो। 　3시 45분이에요.

④ 다음 해석에 맞게 문장을 작문하세요.

1 지금 몇 시예요?

______

2 우리 같이 가요.

______

3 나는 앉고 싶어요.

______

4 김치 알아요?

______

5 나는 영화 보는 것을 좋아해요.

______

पाठ 10

쇼핑

कुर्ता सुरुवाल किन्न चाहन्छु।

꾸르따-수루왈을 사고 싶어요.

कुराकानी

10-1

शब्दहरू

कुर्ता 네팔 전통 긴 상의

सुरुवाल 네팔 전통 바지

किन्नु 사다

चाहनु 원하다, ~하고 싶다

रेडीमेड 기성품

पसले 옷가게 주인

छान्नु 고르다

डिजाइन 디자인

रङ्ग 색깔

निलो 파란색

रातो 빨간색

लगाउनु 입다

सकिनु 끝나다, 가능하다

सक्नु 끝나다, ~할 수 있다

सिलाउनु 재봉하다, 바느질하다

ल 그래, 자

मिना: **कुर्ता सुरुवाल किन्न चाहन्छु। रेडीमेड छ?**

पसले: **यहाँ धेरै छ। छान्नुहोस्।**

मिना: **यो डिजाइन राम्रो लाग्यो। एउटै डिजाइनको अर्को रङ्गमा छैन?**

पसले: **निलो र रातो छ, हेर्नुहोस् न।**

मिना: **निलो चाहिँ एकचोटी लगाउन सकिन्छ?**

पसले: **सकिन्छ।**

(एकछिन पछि)

मिना: **यो किन्छु। तर सुरुवाल अलि छोटो बनाइदिन सक्नुहुन्छ?**

पसले: **सक्छु। कतिसम्म काट्न चाहनुहुन्छ? यति काटे हुन्छ?**

मिना: **हुन्छ। अहिले सिलाइदिन सक्नुहुन्छ?**

पसले: **सक्छु नि। (एकछिन पछि) ल, बनाइसक्यो। लानुहोस्।**

미나: 꾸르따-수루왈을 사고 싶어요. 기성복이 있나요?

주인: 여기 많이 있어요. 골라보세요.

미나: 이 디자인이 좋은 것 같아요. 같은 디자인으로 다른 색깔은 없나요?

주인: 파란색과 빨간색이 있어요, 보세요.

미나: 파란색을 한번 입어볼 수 있나요?

주인: 가능해요.

(잠시 후)

미나: 이것을 살게요. 그런데 바지를 조금 짧게 만들어 줄 수 있나요?

주인: 가능해요. 어디까지 자르고 싶으세요? 이만큼 자르면 돼요?

미나: 괜찮아요. 지금 재봉해 주실 수 있어요?

주인: 할 수 있지요. (잠시 후) 자, 다 만들었어요. 가져가세요.

व्याकरण

1 सक्नु

1) **सक्नु** 끝나다, 마치다

तपाईंको काम सक्यो? 당신의 일은 끝났어요?

नौ बजे काम सक्छ। 9시에 일이 끝나요.

2) **-न सक्नु** ~수 있다 / ~하기가 가능하다

-न와 함께 쓰이며 주어에 따라 **सक्नु** 동사 변화가 이루어집니다.

म गाडी चलाउन सक्छु। 나는 차를 운전할 수 있어요.

तपाईं मलाईं मदत दिन सक्नुहुन्छ? 당신은 나를 도와줄 수 있어요?

3) **-न सकिनु*** ~하는 것이 가능하다 / ~하는 것이 되다

यो तरकारी अझ खान सकिन्छ? 이 반찬을 더 먹을 수 있나요?

भित्र बस्न सकिन्छ? 안에 앉을 수 있을까요?

4) **-इसक्नु** 다 ~하다 / ~하기를 끝내다

(1) 동사 -इ형*에 सक्नु를 결합하여 씁니다.

(2) 주어에 따라 सक्नु의 동사 변화가 이루어집니다.

मैले खाइसकेँ। 나는 다 먹었어요.

आजको काम गरिसक्नुभयो? 오늘 일을 다 하셨어요?

TIP

सकाउनु는 타동사이며 '끝내다'라는 의미입니다.

TIP

सकिनु는 सक्नु의 수동형입니다. 동사 활용은 항상 3인칭 낮춤을 따릅니다.

TIP

-इ형: 동사 어미로 इ가 쓰인 동사 변형(p.250 부록 <6. 과거형 어미> 참조)

2 -न चाहनु ~하고 싶다 / ~하기를 원하다

-न형에 चाहनु가 결합된 형태입니다. 주어에 따라 चाहनु의 동사 변화가 이루어집니다.

म कफी पिउन चाहन्छु । 나는 커피를 마시고 싶어요.

तपाईँ के गर्न चाहनुहुन्छ ? 당신은 무엇을 하고 싶으세요?

3 -ए हुनु ~하면 됩니다 / ~해도 됩니다

TIP

-ए형: 동사 어미로 ए가 쓰인 동사 변형(p.250 부록 <6. 과거형어미> 참조)

1) हुनु 동사 앞에 -ए형이 옵니다.*

गए हुन्छ । 가도 됩니다.

2) हुनु는 주어와 관계없이 हुन्छ입니다.

म गए हुन्छ ? 제가 가도 될까요?

3) -ए형 동사가 타동사일 경우 주어에 ले를 사용합니다.

मैले काम गरे हुन्छ ? 제가 일을 해도 될까요?

4) 같은 의미로 -ए पनि हुनु가 쓰일 수 있습니다.

तपाईँ एकैछिन आराम गर्नुभए पनि हुन्छ । 당신은 잠깐 쉬어도 됩니다.

4 -इदिनु ~어 주다

TIP

-इ형: 동사 어미로 इ가 쓰인 동사 변형(p.250 부록 <6. 과거형 어미> 참조)

-इ형*에 दिनु가 결합한 형태입니다. 주어에 따라 दिनु의 동사 변화가 이루어집니다.

म बनाइदिन्छु । 내가 만들어 줄게요.

मदत गरिदिनुहोस् । 도와주세요.

5 형용사 + बनाउनु ~하게 만들다

तपाईँको लुगा राम्रो बनाएँ । 당신의 옷을 잘 만들었어요.

चिया मीठो बनाउनु । 차를 맛있게 만드세요.

6 형용사 + लाग्नु ~인 것 같다 / ~라고 여겨지다

어떤 대상에 대한 견해를 말할 때 쓰이며 견해를 가진 사람은 **लाई**와 함께 쓰입니다.

मलाई यो पसल राम्रो लाग्छ । 나는 이 가게가 좋은 것 같아요.

तपाईँको विचार राम्रो लाग्छ । 당신의 생각이 좋은 것 같아요.

더 분명한 견해를 표현할 경우 **लाग्छ** 대신 **लाग्यो**를 씁니다.

तपाईँको कुरा सही लाग्यो । 당신의 말이 맞는 것 같아요.

तपाईँलाई यो तरिका ठीक लाग्यो ? 당신은 이 방법이 괜찮은 것 같아요?

अभिव्यक्ति

10-2

1 패션

옷, 신발, 그 밖의 액세서리는 **लगाउनु(लाउनु)**와 함께 쓰입니다.

लगाउनु / लाउनु	입다	पाइन्ट	바지
फुकाल्नु	벗다	कुर्था(= कुर्ता)	긴 상의(전통의상)
मिल्नु	맞다	सुरुवाल	바지(전통의상)
फेर्नु	갈아입다	टोपी	모자
बनाउनु	만들다/고치다	चस्मा	안경
सिलाउनु*	바느질하다	सल	스카프
सुहाउनु	어울리다	पन्जा	장갑
लुगा	옷	मोजा	양말
कपडा	천	जुत्ता	신발
सर्ट	셔츠	चप्पल	슬리퍼

TIP
'재봉하다/옷을 짓다/수선하다' 등 다양한 뜻으로 쓰입니다.

2 쇼핑

किन्नु	사다	मिलाउनु	조정하다, 맞추다
बेच्नु	팔다	पसल	가게
किनमेल गर्नु	장 보다	पसले	가게 주인
तिर्नु	지불하다	टेलर	옷가게
छान्नु	고르다	बजार	시장
फिर्ता गर्नु	돌려주다	किराना पसल	식료품점

TIP
색상을 가리키는 단어는 명사/형용사로 쓰입니다.

3 색상*

रातो	빨강/빨간	हरियो	녹색/녹색의
निलो	파랑/파란	कालो	검정/검은
पहेँलो	노랑/노란	सेतो	하얀색/하얀

वास्तविक कुराकानी

10-3

अवस्था 1

상황 신발 사기

A: चप्पल छ?
B: छ। छान्नुहोस्।
A: यसको ठूलो साइज छैन?
B: एकछिन। यहाँ छ, लगाउनु। मिल्यो?
A: मिल्यो, यो दिनुहोस्।

A: 슬리퍼가 있나요?
B: 있어요. 골라보세요.
A: 이걸로 큰 사이즈 없나요?
B: 잠시만요. 여기 있네요, 신어보세요. 맞아요?
A: 맞네요, 이걸로 주세요.

अवस्था 2

상황 물건 가격 흥정하기

A: यो टोपी कति हो?
B: तीन सय हो।
A: अलिकति मिलाइदिनुहोस्।
B: ल, दुई सय पचासमा लिनु।
A: दुई सयमा दिनु न।
B: दुई सयमा हुँदै हुँदैन। ल, दुई सय चालीससम्म गरिदिन्छु।

A: 이 모자는 얼마예요?
B: 300입니다.
A: 조금만 맞춰주세요.
B: 그래요, 250에 가져가세요.
A: 200에 주세요.
B: 200은 정말 안 돼요. 자, 240까지 해줄게요.

अवस्था 3

상황 셔츠 고르기

A: यो हरियो सर्ट कस्तो छ?

B: राम्रो छ। त्यो कालो सर्ट पनि राम्रो छ नि।

A: मलाई चाहिँ यो हरियो राम्रो लाग्यो।

B: ठीक छ। हरियो पनि तपाईँलाई सुहाउँछ।

A: 이 파란색 셔츠 어때요?

B: 좋아요. 저 검은 셔츠도 좋잖아요.

A: 저는 이 초록색이 좋은 것 같아요.

B: 그래요*. 초록색도 당신에게 어울려요.

TIP

여기서 **ठीक छ**는 '셔츠가 괜찮다.'는 의미보다는 '상대의 의견을 수렴하겠다.' 혹은 '나의 의견을 받아들이지 않아도 괜찮다.'라는 의미를 전달합니다.

वाक्य

10-4

1 तपाईं -न सक्नुहुन्छ? 당신은 ~할 수 있어요?

तपाईं मिलाइदिन सक्नुहुन्छ? 당신은 (가격을) 맞춰줄 수 있어요?

तपाईं मदत गर्न सक्नुहुन्छ? 당신은 도움을 줄 수 있어요?

तपाईं यता आउन सक्नुहुन्छ? 당신이 여기로 올 수 있어요?

तपाईं गाडी चलाउन सक्नुहुन्छ? 당신은 차를 운전할 수 있어요?

2 म -न चाहन्छु। 나는 ~하고 싶어요.

म अब सुत्न चाहन्छु। 나는 이제 자고 싶어요.

म पानी पिउन चाहन्छु। 나는 물을 마시고 싶어요.

म नेपाली भाषा सिक्न चाहन्छु। 나는 네팔어를 배우고 싶어요.

म एकछिन बस्न चाहन्छु। 나는 잠시 앉고 싶어요.

3 म/मैले -ए पनि हुन्छ? 제가 ~해도 될까요?

म एकछिन बसे पनि हुन्छ? 저는 잠시 앉아도 될까요?

म अब गए पनि हुन्छ? 저는 이제 가도 될까요?

मैले यो पानी पिए पनि हुन्छ? 제가 이 물을 마셔도 될까요?

मैले काम सुरु गरे पनि हुन्छ? 제가 일을 시작해도 될까요?

4 -इदिनुहोस्। ~해 주세요.

मिलाइदिनुहोस्।	(가격을) 맞춰 주세요.
घटाइदिनुहोस्।	깎아 주세요.
बनाइदिनुहोस्।	만들어 주세요.
मदत गरिदिनुहोस्।	도와주세요.

5 मलाई यो 형용사 लाग्यो। 나는 이것이 ~한 것 같아요.

मलाई यो राम्रो लाग्यो।	나는 이것이 좋은 것 같아요.
मलाई यो सजिलो लाग्यो।	나는 이것이 쉬운 것 같아요.
मलाई यो गाह्रो लाग्यो।	나는 이것이 어려운 것 같아요.
मलाई यो ठीक लाग्यो।	나는 이것이 괜찮은 것 같아요.

अभ्यास

1 다음 네팔어 단어와 의미가 일치하는 한국어 단어를 찾아 선으로 연결하세요.

1 पाइन्ट ·	· 모자
2 चप्पल ·	· 장갑
3 टोपी ·	· 스카프
4 चस्मा ·	· 안경
5 सल ·	· 양말
6 पन्जा ·	· 신발
7 मोजा ·	· 바지
8 जुत्ता ·	· 슬리퍼

2 다음 빈칸에 들어갈 알맞은 말을 <보기>에서 골라 적으세요.

보기

रातो　निलो　पहेँलो　हरियो　कालो　सेतो

1 ________ भन्दा ________ सर्ट तपाईँलाई सुहाउँछ।

빨간 것보다 노란 셔츠가 너에게 어울린다.

2 ________ रुमाल ________ भयो।

하얀 수건이 까매졌다.

3 यहाँ निर ________ छाता देख्नुभयो कि?

여기쯤에서 파란 우산을 보셨어요?

4 यहाँको पहाड ________ छ।

이곳의 산은 푸르다.

3 **다음 빈칸에 들어갈 알맞은 동사를 <보기>에서 골라 알맞은 형태로 바꾸어 적으세요.**

보기

चाहनु　दिनु　लाग्नु　सक्नु　हुनु

1 म कुर्ता सुरुवाल किन्न ______________।
나는 꾸르따-수르왈을 사고 싶어요.

2 म अब गए पनि ______________?
저는 이제 가도 될까요?

3 मलाई त्यो हरियो चाहिँ राम्रो ______________।
나는 저 초록색이 좋은 것 같아요.

4 तपाईंलाई मदत गरि______________।
당신을 도와줄게요.

5 तपाईं कोरियन भाषा बोल्न ______________?
당신은 한국어를 말할 수 있습니까?

4 **다음 해석에 맞게 문장을 작문하세요.**

1 당신은 고기를 먹을 수 있습니까?

____

2 모자를 사 주세요.

____

3 나는 지금 쉬고 싶어요.

____

4 제가 내일 전화해도 될까요?

____

5 이것이 좋은 것 같아요.

____

पाठ 11

날씨

पानी पऱ्यो।

비가 와요.

कुराकानी

11-1

सुनिता: **पानी पऱ्यो।**

मिनु: **ला, के गर्ने। तपाईँले छाता ल्याउनुभयो?**

सुनिता: **अँ, ल्याएँ।**

मिनु: **पानी पर्छ भनेर तपाईँलाई कसरी थाह भयो?**

सुनिता: **थाह थिएन तर बर्खा सुरु भयो नि। त्यसैले म सधैँ बोकेर हिँड्छु।**

मिनु: **ओहो! कत्ति बुद्धिमान् हुनुहुन्छ! बर्खा कहिलेसम्म हुन्छ?**

सुनिता: **भदौसम्म हुन्छ। तर यसपालि अझ लामो हुन्छ रे।**

मिनु: **यो सिजनमा घुम्न राम्रो छैन कि?**

सुनिता: **ठूलो पानी पर्छ। त्यसैले यो सिजनमा घुम्न जान खतरा हुन्छ। बर्खा सकेपछि घुम्न जानुस् न।**

मिनु: **हुन्छ।**

수니따: 비가 와요.

민우: 이런, 어떡하죠. 당신은 우산을 가지고 오셨어요?

수니따: 네, 가지고 왔어요.

민우: 비가 올지 당신은 어떻게 알았어요?

수니따: 몰랐지만 우기가 시작되었잖아요. 그래서 저는 항상 들고 다녀요.

민우: 와! 정말 지혜롭군요! 우기는 언제까지예요?

수니따: 버도우까지요. 하지만 이번에는 더 길 거라고 하네요.

민우: 이 계절에 여행하는 것은 좋지 않을까요?

수니따: 큰 비가 내려요. 그래서 이 계절에 여행하러 가는 것은 위험해요. 우기가 끝난 후에 가세요.

민우: 알겠어요.

शब्दहरू

पर्नु 떨어지다

ला 어이쿠, 이런

ल्याउनु 가져오다

बर्खा 우기

बोक्नु 들다, 지다

ओहो 와, 야

बुद्धिमान् 지혜로운

भदौ 네팔의 다섯 번째 달 (7월 중순 ~ 8월 중순)

सिजन 시기, 계절

खतरा 위험한

व्याकरण

1 -एर

✎ TIP

-एर형: 동사 어미로 एर가 쓰인 동사 변형(p.250 부록 <6. 과거형 어미> 참조)

-एर형*은 다음과 같은 의미로 쓰입니다.

1) ~해서

गाडी चलाएर पोखरासम्म गएँ। 차를 운전해서 포카라까지 갔어요.

चिया पिएर न्यानो भयो। 차를 마셔서 따뜻해졌어요.

2) ~하고 / ~하고 나서

सधैँ छाता बोकेर हिँड्छु। 항상 우산을 들고 다녀요.

फोन गरेर आउनुहोस् न। 전화를 하고 오세요.

काम सकाएर खाजा खान्छु। 일을 끝마치고 나서 간식을 먹을게요.

부정문은 앞에 न를 덧붙입니다.

सन्चो नभएर काम गर्न सकिनँ। 몸이 좋지 않아서 일을 하지 못했어요.

2 동사 न + 형용사 ~하기가 ~하다 / ~하는 것이 ~하다

✎ TIP

p.102 8과 ③ -न형의 사용 참조

-न형은 '~하려고, ~하기 위해'라는 의미가 있지만* 형용사 앞에 쓰일 경우 '~하기가, ~하는 것이'라고 해석합니다.

यो सिजनमा हिमाल चढ्न खतरा छ। 이 계절에 히말라야를 등반하는 것은 위험해요.

कुर्ता सिलाउन सजिलो छ। 꾸르따를 재봉하는 것은 쉬워요.

गीत गाउन रमाइलो छ। 노래를 부르는 것은 재밌어요.

3 भनेर ~다는 것을 / ~다고

भन्नु의 -एर형이며 인용하거나 종속절을 만들 때 사용합니다.

प्याज महङ्गो भयो भनेर सुनेँ। 양파가 비싸졌다고 들었어요.

हिजो भूकम्प गयो भनेर थाह थियो? 어제 지진이 났다는 것을 알았어요?

आज छाता किन्छु भनेर सोचेँ। 오늘 우산을 사겠다고 생각했어요.

문장 끝에 रे을 붙여 앞의 문장이 인용된 문장임을 나타낼 수도 있습니다.

प्याज महङ्गो भयो रे। 양파가 비싸졌대요.

हिजो भूकम्प गयो रे। 어제 지진이 났대요.

4 -एपछि 한 후에

-ए형*의 동사와 पछि를 합한 형태입니다.

सकेपछि 마친 후에

खाएपछि 먹은 후에

फर्केपछि 돌아온 후에

TIP

-ए형: 동사 어미로 ए가 쓰인 동사 변형(p.250 부록 <6. 과거형 어미> 참조)

5 पर्नु 떨어지다

'떨어지다'라는 의미를 가지고 있는 동사입니다. 비가 오고 있다면 이미 물이 떨어졌으므로 과거형 동사를 사용하여 **'पानी पर्‍यो।'**라고 표현합니다.

अभिव्यक्ति

11-2

1 보관 및 운반

लैजानु	가져가다	बोक्नु	들다, 지다
लग्नु	가져가다	पाउनु	찾다, 받다
लानु	가져가다	हराउनु	잃어버리다
लिएर जानु	가져가다	फाल्नु	버리다
लिएर आउनु	가져오다	छोड्नु	두고 가다
ल्याउनु	가져오다	हाल्नु	넣다
सार्नु	옮기다	राख्नु	두다

2 날씨와 계절

मौसम	날씨	हुस्सु लाग्नु	안개가 끼다
पानी पर्नु	비가 오다	ऋतु	계절
पानी रोक्नु	비가 그치다	वसन्त	봄
घाम लाग्नु	해가 나다	ग्रीष्म/गर्मी	여름
बादल लाग्नु	구름이 끼다	बर्खा/वर्षा	우기
हिउँ पर्नु	눈이 오다	शरद	가을
हावा चल्नु	바람이 불다	शिशिर	겨울

3 자연재해

पहिरो जानु/आउनु	산사태가 나다	बाढी जानु/आउनु	홍수가 나다
भूकम्प जानु/आउनु	지진이 나다	बतास चल्नु	태풍이 불다

4 네팔의 달

네팔어에서 일부 달의 이름은 회화에서 발음하는 방식과 달력에 적는 방식이 다릅니다. 다음 표에서 괄호 부분은 달력에 적는 방식입니다.

वैशाख	4월 중순~5월 중순	कार्त्तिक	10월 중순~11월 중순
जेठ	5월 중순~6월 중순	मङ्सीर	11월 중순~12월 중순
असार(आषाढ)	6월 중순~7월 중순	पुस(पौष)	12월 중순~1월 중순
साउन(श्रावण)	7월 중순~8월 중순	माघ	1월 중순~2월 중순
भदौ(भाद्र)	8월 중순~9월 중순	फागुन(फाल्गुण)	2월 중순~3월 중순
असोज(आश्विन)	9월 중순~10월 중순	चैत(चैत्र)	3월 중순~4월 중순

네팔 달력에서의 날(일)은 **गते**를 사용하고, 서양 달력에서의 날(일)은 **तारिख**을 사용합니다.

वास्तविक कुराकानी

11-3

अवस्था 1

상황 교통수단 묻고 답하기

A: यहाँसम्म कसरी आउनुभयो?
B: बाइक चलाएर आएँ।
A: आज बाटो खुल्यो?
B: आज पनि बाटो बन्द भएर घुमेर आएँ।

A: 여기까지 어떻게 왔어요?
B: 오토바이를 운전해서 왔어요.
A: 오늘 길이 열렸어요?
B: 오늘도 길이 막혀서 돌아서 왔어요.

अवस्था 2

상황 떠라이* 지역의 날씨 묻기

A: तराईको मौसम कस्तो छ?
B: काठमाण्डौं भन्दा गर्मी हुन्छ।
A: पुसमा हिउँ पर्छ?
B: हिउँ चाहिँ पर्दैन। तर हुस्सु लागेर धेरै जाडो हुन्छ।

A: 떠라이의 날씨는 어때요?
B: 카트만두보다 더워요.
A: 뿌스에 눈이 내려요?
B: 눈은 안 내려요. 하지만 안개가 껴서 많이 추워요.

TIP

떠라이: 인도 국경 근처의 평야 지대

अवस्था 3

상황 자연재해에 대한 대화

A: तपाईँले सिन्धुपाल्चोकमा भूकम्प गयो भनेर सुन्नुभयो?
B: हजुर सुनेँ, नेपालमा भूकम्प आउँछ?
A: आउँछ नि।
B: भूकम्प आएपछि पहाडतिर पहिरो पनि जान्छ कि?
A: जान्छ नि, पहिरो चाहिँ बर्खामा पनि एकदम जान्छ।

A: 당신은 신두빨 쪽에서 지진이 났다고 들었어요?
B: 네 들었어요, 네팔에 지진이 나요?
A: 나지요.
B: 지진이 난 후 산 쪽에 산사태도 나나요?
A: 나지요, 산사태는 우기에도 엄청 발생해요.

अवस्था 4

상황 여행하기 좋은 시기 묻고 답하기

A: कुन चाहिँ महिनामा बिदा लिएर घुम्न राम्रो छ?
B: मेरो विचारमा असोज र कार्त्तिकमा घुम्न राम्रो छ।
A: किन होला?
B: वैशाख र जेठमा गर्मी हुन्छ। अनि पुस र माघमा चाहिँ जाडो हुन्छ।
A: असार र साउन चाहिँ कस्तो छ?
B: त्यतिखेर ठूलो पानी पर्छ नि।

A: 어느 달에 휴가를 받아서 여행하는 것이 좋아요?
B: 내 생각에는 어소즈와 까르띡에 여행하는 것이 좋아요.
A: 왜일까요?
B: 버이삭과 제트는 더워요. 그리고 뿌스와 마그에는 추워요.
A: 어사르와 사운은 어때요?
B: 그때는 큰 비가 내리잖아요.

वाक्य

11-4

1 -एर आउँछु। ~하고 올게요.

काम सकाएर आउँछु।
일을 마치고 올게요.

खाना खाएर आउँछु।
식사를 하고 올게요.

एकछिन आराम गरेर आउँछु।
잠깐 쉬고 올게요.

चिसो किनेर आउँछु।
음료수를 사서 올게요.

2 मलाई -न गाह्रो छ। 나는 ~하는 것이 어려워요.

मलाई छिट्टै उठ्न गाह्रो छ।
나는 일찍 일어나는 것이 어려워요.

मलाई पिरो खान गाह्रो छ।
나는 매운 것을 먹는 것이 어려워요.

मलाई नेपाली बोल्न गाह्रो छ।
나는 네팔어를 말하는 것이 어려워요.

मलाई बाइक चलाउन गाह्रो छ।
나는 오토바이를 운전하는 것이 어려워요.

3 मैले 문장 भनेर सुनें। 나는 ~라고 들었어요.

मैले आज नेपाल बन्द छ भनेर सुनें।
나는 오늘 네팔 파업이 있다고 들었어요.

मैले तपाईँ बिरामी हुनुहुन्छ भनेर सुनें।
나는 당신이 아프다고 들었어요.

मैले अण्डा महङ्गो भयो भनेर सुनें।
나는 계란이 비싸졌다고 들었어요.

मैले यो सिजनमा ठूलो पानी पर्छ भनेर सुनें।
나는 이 계절에 큰 비가 내린다고 들었어요.

4 -एपछि जानुस्। ~한 후에 가세요.

काम गरेपछि जानुस्।
일을 한 후에 가세요.

ढोका बन्द गरेपछि जानुस्।
문을 닫은 후에 가세요.

मलाई भनेपछि जानुस्।
나에게 말한 후에 가세요.

भाडा तिरेपछि जानुस्।
요금을 낸 후에 가세요.

अभ्यास

1 다음 빈칸에 들어갈 알맞은 말을 <보기>에서 골라 문장을 완성하세요.

보기					
घाम	पानी	बादल	मौसम	हावा	हिउँ

1 .... राम्रो छ। 날씨가 좋다.

2 .... पऱ्यो। 비가 온다.

3 .... रोक्यो। 비가 그쳤다.

4 .... लाग्यो। 해가 났다.

5 .... लाग्यो। 구름이 끼었다.

6 .... पऱ्यो। 눈이 온다.

7 .... चल्यो। 바람이 분다.

2 다음 빈칸에 들어갈 알맞은 말을 <보기>에서 골라 -एर 형태로 활용하여 문장을 완성하세요.

보기			
पिउनु	बस्नु	लगाउनु	सुन्नु

1 यो सल .... हिँड्छु।
이 스카프를 걸치고 걸을게요.

2 तातो चिया .... न्यानो भयो।
뜨거운 차를 마셔서 따뜻해졌어요.

3 कोठामा .... आराम गर्नुस्।
방에 앉아서 쉬세요.

4 मेरो कुरा .... जानुहोस्।
내 이야기를 듣고 가세요.

3 다음 빈칸에 들어갈 알맞은 말을 <보기>에서 골라 -एपछि 형태로 활용하여 문장을 완성하세요.

보기

गाउनु　　पर्नु　　पिउनु　　फेर्नु

1 पानी __________ घाम लाग्यो।
비가 오고 나서 해가 났어요.

2 चिया __________ न्यानो भयो।
차를 마신 후 따뜻해졌어요.

3 गीत __________ नाच्छु।
노래를 부르고 나서 춤을 출게요.

4 बाबु, लुगा __________ मात्र खेल्नु है।
꼬마야, 옷을 갈아입고 나서 놀거라, 알았지?

4 다음 해석에 맞게 문장을 작문하세요.

1 쉬어서 좋아졌어요.

____

2 돈을 지불하고 나서 드십시오.

____

3 해가 나요.

____

4 비가 와요.

____

5 당신과 이야기하는 것이 재밌어요.

____

पाठ 12

교육

कोरियन भाषा पढ्दै छु।

한국어를 공부하는 중이에요.

कुराकानी

12-1

मिना: **के गर्दै हुनुहुन्छ?**

अनिल: **कोरियन भाषा पढ्दै छु।**

मिना: **तपाईँलाई कोरियन भाषा आउँछ?**

अनिल: **अलिअलि आउँछ।**

मिना: **केको लागि कोरियन भाषा सिक्दै हुनुहुन्छ?**

अनिल: **कोरिया गएर काम गर्नको लागि सिक्दै छु।**

मिना: **भाषा सिकेपछि कोरियामा काम गर्न सकिन्छ?**

अनिल: **होइन, जाँच पास भएपछि जान सकिन्छ।**

मिना: **तपाईँ प्लस टुमा पढ्दै हुनुहुन्छ, होइन? दुवै सँगसँगै पढ्दा तपाईँलाई गाह्रो छैन?**

अनिल: **गाह्रो भए पनि के गर्ने, मेहनत गर्दा नतिजा राम्रो हुन्छ, होइन?**

미나: 뭐 하고 있어요?

어닐: 한국어를 공부하는 중이에요.

미나: 당신은 한국어를 말할 줄 알아요?

어닐: 조금은 할 줄 알아요.

미나: 무엇 때문에 한국어를 배우고 있어요?

어닐: 한국에 가서 일을 하기 위해 배우고 있어요.

미나: 언어를 배운 후 한국에서 일을 할 수 있어요?

어닐: 아니요, 시험에 통과한 후에 갈 수 있어요.

미나: 당신은 11-12학년에서 공부하고 있지 않나요? 둘 다 같이 공부하면 당신에게 힘들지 않아요?

어닐: 힘들어도 어떡하겠어요, 노력해야 결과가 좋죠, 아닌가요?

शब्दहरू

भाषा 언어

पढ्नु 읽다, 공부하다

आउनु ~줄 알다

अलिअलि 조금

सिक्नु 배우다

को लागि ~을(를) 위해

जाँच 시험

पास हुनु 통과하다

प्लस टु 11-12학년 과정

दुवै 둘 다

मेहनत 노력, 열심

नतिजा 결과

व्याकरण

1 진행형(-दै)

동작 중인 행동이나 진행되고 있는 사건을 기술하며 '~는 중이다', '~하고 있다'로 해석합니다.

–दै + हुनु ~하는 중이다 / ~하고 있다

동사 어미를 -दै 형태로 바꾼 다음에 주어와 시제에 맞는 हुनु동사의 변화형을 씁니다.

खाना खाँदै छु। 밥을 먹는 중이다.

म आउँदै छु। 나는 오는 중이다.

| -दै형의 동사변형 |

(1) 반자음 + नु 형태 동사: नु를 빼고 दै를 덧붙입니다.

-्नु → -्दै

सुन्नु → सुन्दै, पर्नु → पर्दै, सिक्नु → सिक्दै

(2) 모음 + नु 형태 동사: नु를 빼고 ँदै를 덧붙입니다.

-नु → ँदै

जानु → जाँदै, खानु → खाँदै, आउनु → आउँदै

2 को लागि

1)

명사 + को लागि ~위해 / ~위해서

को 앞에 म, हामी, ऊ, उनी가 올 경우 मेरो, हाम्रो, उसको, उनको로 바뀝니다.*

✎ TIP

p.32 2과 2 소유격 참조

केको लागि 무엇을 위해
हाम्रो लागि 우리를 위해서
मेरो लागि 나를 위해서
स्वस्थ्यको लागि 건강을 위해서

2)

-न + को लागि　~하려고 / ~하기 위해서

तपाईंसँग कुरा गर्नको लागि फोन गरें। 당신과 이야기하려고 전화했어요.
कोरिया जानको लागि भाषा सिक्छु। 한국에 가기 위해서 언어를 배워요.
जाँच पास हुनको लागि पढ्दै छु। 시험을 통과하려고 공부하고 있어요.

3 -दा ~할 때

동사 어미로 -दा가 쓰이는 형태이며, '~할 때'라는 의미를 가집니다. '~하면'으로 해석되기도 합니다.

घर फर्कंदा दूध किन्छु। 집에 돌아갈 때 우유를 살게요.
म कोरियामा बस्दा उहाँलाई भेटें। 나는 한국에서 지낼 때 그분을 만났어요.
काम नहुँदा फोन गर्छु। 일이 없을 때 전화할게요.

| **-दा**의 동사변형 |

(1) 반자음 + **नु** 형태 동사: नु를 빼고 दा를 덧붙입니다.

-्नु → -्दा

बस्नु → बस्दा, घुम्नु → घुम्दा, सिक्नु → सिक्दा

(2) 모음 + **नु** 형태 동사: नु를 빼고 ँदा를 덧붙입니다.

-नु → ँदा

जानु → जाँदा, खानु → खाँदा, आउनु → आउँदा

-दा खेरी로 쓰이기도 합니다.

घर फर्कँदा खेरी दूध किन्छु । 집에 돌아갈 때 우유를 살게요.

4 -ए पनि / -ए तापनि ~해도 / ~하더라도 / ~했는데도

동사 -ए형*에 पनि 또는 तापनि를 덧붙입니다.

उहाँ नयाँ लुगा किने पनि लगाउनुहुन्न । 그분은 새로운 옷을 사도 입지 않으세요.

रिजर्भ गरे पनि कोठा पाइनँ । 예약을 했는데도 방을 못 얻었어요.

मैले सुने तापनि बिर्सें । 나는 들어도 잊어버려요.

5 आउँनु 오다 / ~할 줄 알다

기본 의미는 '오다'이지만 능력이 있음을 표현할 때에도 쓰입니다.

명사/**-न + आउँछ** ~할 줄 안다

तपाईँलाई नेपाली आउँछ ? 당신은 네팔어를 할 줄 알아요?

अलिअलि आउँछ । 조금 할 줄 알아요.

नेपाली बोल्न आउँछ ? 네팔어를 말할 줄 아세요?

TIP

-ए형: 동사 어미로 ए가 쓰인 동사 변형(p.250 부록 <6. 과거형 어미> 참조)

अभिव्यक्ति

12-2

1 교육

सिकाउनु	가르치다	थाह पाउनु	알게 되다
पढाउनु	가르치다	सोध्नु	묻다, 질문하다
सिक्नु	배우다	जवाफ दिनु	대답하다
पढ्नु	공부하다/읽다	प्रश्न	질문
लेख्नु	쓰다	ज्ञान	지식
याद गर्नु	기억하다	जानकारी	정보
बिर्सनु	잊다	चिन्नु	(사람을) 알다
बुझ्नु	이해하다	ध्यान दिनु	집중하다

2 학교

क्लास रुम	교실	सरकारी स्कुल	공립학교
क्लास	학년	बोर्डिङ स्कुल	사립학교
होमवर्क	숙제	नर्सरी	유치원
एस.ई.ई	수능시험	स्कुल	학교(1-10학년)
रिजल्ट/नतिजा	결과	प्लस टु	대학(11-12학년)
जाँच दिनु	시험치다	कलेज	대학(학사)
पास हुनु	(시험에) 통과하다	इन्सटिच्युट	학원
फेल हुनु	(시험에) 떨어지다	ट्युसन	과외

3 정보

पत्रिका	신문, 잡지	किताब	책
समाचार	뉴스	सूचना	게시
विज्ञापन	광고	युट्युब	유튜브

वास्तविक कुराकानी

12-3

अवस्था 1

상황 전화로 지금 하고 있는 일 묻기

A: हेलो।
B: तपाईँ अहिले के गर्दै हुनुहुन्छ?
A: म होमवर्क गर्दैछु।
B: अझ कति समय लाग्छ?
A: खै, अझ एक घण्टा लाग्छ होला। केको लागि सोध्नुभयो?
B: होमवर्क सकेपछि मसँग फुटबल खेल्न जानुहुन्छ कि?

A: 여보세요.
B: 당신은 지금 무엇을 하는 중이에요?
A: 나는 숙제를 하는 중이에요.
B: 시간이 얼마나 더 걸려요?
A: 글쎄요, 한 시간 더 걸릴 것 같아요. 무엇 때문에 물어봤어요?
B: 나는 숙제를 끝낸 후에 나랑 축구하러 갈래요?

अवस्था 2

상황 김치 주기

A: तपाईँको लागि मैले किम्छी बनाएँ।
B: हो र? मलाई किम्छी एकदम मन पर्छ।
A: थाह छ नि।
B: तपाईँ व्यस्त भए पनि मेरो लागि दु:ख गर्नुभयो।
A: केही छैन। फेरि अर्को पटक पनि बनाइदिन्छु।
B: हस्। धेरै धन्यवाद।

A: 당신을 위해서 나는 김치를 만들었어요.
B: 그래요? 나는 김치를 엄청 좋아해요.
A: 알지요.
B: 당신은 바쁜데도 나를 위해서 수고를 하셨네요.
A: 별거 아니에요. 다시 다음번에도 만들어 줄게요.
B: 네. 정말 고마워요.

हस् 네, 그래요

अवस्था 3

상황 네팔 파업에 대한 대화

A: आज बन्द भएर बस थिएन। त्यसैले दुई घण्टा हिँडेर फर्कें।
B: हो र? दुई घण्टा हिँडे तापनि तपाईँको खुट्टा दुखेन?
A: किन नदुख्नु। दुख्यो नि।
B: भोलि स्कुल आउन सक्नुहुन्छ?
A: सक्छु। बानी भएर ठिकै छ। चिन्ता नगर्नु।

A: 오늘은 파업이 있어서 버스가 없었어요. 그래서 두 시간을 걸어서 돌아왔어요.
B: 그래요? 두 시간을 걸어도 발이 안 아파요?
A: 왜 안 아파요. 아프죠.
B: 내일 학교에 올 수 있어요?
A: 있어요. 습관이 되어서 괜찮아요. 걱정하지 마세요.

अवस्था 4

상황 노래 들을 때에 대한 대화

A: तपाईँलाई गीत सुन्न मन पर्छ?
B: अँ, एकदम मन पर्छ।
A: कहिले सुन्नुहुन्छ?
B: म सधैँ सुन्छु। घरको काम गर्दा, बाटोमा हिँड्दा, बस चढ्दा गीत सुन्छु।
A: तपाईँ किताब पढ्दा पनि गीत सुन्नुहुन्छ?
B: अहँ, पढ्ने बेलामा गीत सुन्दिनँ। ध्यान दिन गाह्रो हुन्छ नि।

A: 당신은 노래 듣는 것을 좋아하나요?
B: 네, 무척 좋아해요.
A: 언제 들으세요?
B: 나는 항상 들어요. 집안일을 할 때, 길을 걸을 때, 버스를 탈 때 노래를 들어요.
A: 당신은 책을 읽을 때도 노래를 들어요?
B: 아니요, 공부할 때는 노래를 듣지 않아요. 집중하기 힘들잖아요.

वाक्य

12-4

1 म -दै छु। 나는 ~하는 중이에요.

म आउँदै छु।
나는 오는 중이에요.

म पर्खँदै छु।
나는 기다리는 중이에요.

म किताब पढ्दै छु।
나는 책을 읽는 중이에요.

म काम गर्दै छु।
나는 일을 하는 중이에요.

2 -नको लागि म -छु। ~하기 위해서 나는 ~해요.

भोलि छिट्टै उठ्नको लागि म छिट्टै सुत्छु।
내일 일찍 일어나기 위해서 나는 일찍 자요.

कफी किन्नको लागि म ठमेल जान्छु।
커피를 사기 위해서 나는 터멜에 가요.

राम्रो नतिजा पाउनको लागि म मेहनत गर्छु।
좋은 결과를 얻기 위해서 나는 노력해요.

स्वस्थ हुनको लागि म व्यायाम गर्छु।
건강하기 위해서 나는 운동을 해요.

3 -दा 형용사 थियो। ~할 때 ~했어요.

कोरियामा बस्दा रमाइलो थियो।	한국에서 지낼 때 재밌었어요.
काठमाण्डौँमा हुँदा सजिलो थियो।	카트만두에 있을 때 편했어요.
आफ्नो बाइक चलाउँदा राम्रो थियो।	자신의 오토바이를 운전할 때 좋았어요.
कलेजमा पढ्दा गाह्रो थियो।	대학에서 공부할 때 힘들었어요.

4 -ए तापनि -छु। ~하더라도 ~하겠어요.

गाह्रो भए तापनि सिक्छु।	어렵더라도 배우겠어요.
धेरै भए तापनि खान्छु।	많더라도 먹겠어요.
समय लागे तापनि जान्छु।	시간이 걸리더라도 가겠어요.
पैसा थोरै भए तापनि काम गर्छु।	돈이 조금 되더라도 일을 하겠어요.

5 तपाईँलाई A(명사/-न) आउँछ? 당신은 A를 할 줄 알아요?

तपाईँलाई नेपाली आउँछ?	당신은 네팔말을 할 줄 알아요?
तपाईँलाई लुगा सिलाउन आउँछ?	당신은 옷을 재봉할 줄 알아요?
तपाईँलाई गाडी चलाउन आउँछ?	당신은 차를 운전할 줄 알아요?
तपाईँलाई किम्छी बनाउन आउँछ?	당신은 김치를 만들 줄 알아요?

अभ्यास

1 다음 네팔어 단어와 의미가 일치하는 한국어 단어를 찾아 선으로 연결하세요.

1 सिकाउनु ·	· 읽다/공부하다
2 सोध्नु ·	· 배우다
3 सिक्नु ·	· 묻다
4 पढ्नु ·	· 가르치다
5 लेख्नु ·	· 잊다
6 याद गर्नु ·	· 이해하다
7 बिर्सनु ·	· 쓰다
8 बुझ्नु ·	· 기억하다

2 다음 빈칸에 들어갈 알맞은 말을 <보기>에서 골라 주어에 맞게 -दै छ- 형태로 활용하여 문장을 완성하세요.

보기			
गर्नु	पढ्नु	पढाउनु	सिक्नु

1 म अहिले पत्रिका ______________।
나는 지금 신문을 읽고 있어요.

2 म अहिले होमवर्क ______________।
나는 지금 숙제를 하고 있어요.

3 म आजकाल नेपाली ______________।
나는 요즘 네팔어를 배우고 있어요.

4 म आजकाल कोरियन भाषा ______________।
나는 요즘 한국어를 가르치고 있어요.

3 다음 빈칸에 들어갈 알맞은 말을 <보기>에서 골라 문장을 완성하세요.

보기

आउँछ   को लागि   ए तापनि   दा खेरी

1 जाँच पास हुँ__________ चकलेट किनिदिन्छु।
시험을 합격할 때 사탕을 사 줄게요.

2 नेपाली पढ्न __________?
네팔어를 읽을 줄 알아요?

3 गाह्रो भ__________ मेहनत गर्नुहोस्।
어렵더라도 노력하세요.

4 कोरियन भाषा सिकाउन__________ नेपाल आएँ।
한국어를 가르치기 위해서 네팔에 왔어요.

4 다음 해석에 맞게 문장을 작문하세요.

1 나는 차를 운전하는 중이에요.

____

2 히말라야를 등산하기 위해서 네팔에 왔어요.

____

3 어려워도 하겠어요.

____

4 당신은 한국어를 할 줄 알아요?

____

5 학교에 다닐 때 영어를 배웠어요.

____

पाठ 13

신체와 건강

ज्वरो आयो अनि टाउको पनि दुख्यो।

열이 나고 머리도 아파요.

कुराकानी

13-1

मिनु: सुनिता जी, म आज अफिस आउन सक्दिनँ।

सुनिता: तपाईँलाई के भयो ?

मिनु: ज्वरो आयो अनि टाउको पनि दुख्यो।

सुनिता: कहिलेदेखि त्यस्तो भयो ?

मिनु: हिजो बेलुकादेखि।

सुनिता: पेट पनि दुख्यो ?

मिनु: पेट चाहिँ ठीक छ।

सुनिता: सायद रुघा लाग्यो होला।

मिनु: मलाई पनि त्यस्तै लाग्छ।

सुनिता: औषधी खानुभयो ?

मिनु: खान मन लागेन।

सुनिता: त्यै पनि खानुपर्छ। अलिकति खाना खाएपछि औषधी खानुस् न।

मिनु: हुन्छ। सुनिता जी, सुपर भाइजरलाई मेरो कुरा बताइदिनु है।

सुनिता: हुन्छ नि, पुरै निको हुनेगरि राम्रोसँग आराम गर्नुस् न।

मिनु: हस्। धन्यवाद।

शब्दहरू

ज्वरो 열

टाउको 머리

दुख्नु 아프다

पेट 배

सायद 아마

रुघा 감기

त्यस्तै 그런, 그렇게

औषधी 약

त्यै पनि 그래도

सुपर भाइजर 장, 관리자

पुरै 전부, 온전히

TIP

상대가 있는 장소에 내가 가는 것을 가리킬 때 '오다(आउनु)' 동사를 사용합니다.

민우: 수니따 씨, 나는 오늘 사무실에 올* 수 없어요.

수니따: 당신에게 무슨 일이 생겼어요?

민우: 열이 나고 머리도 아파요.

수니따: 언제부터 그랬어요?

민우: 어제 저녁부터요.

수니따: 배도 아파요?

민우: 배는 괜찮아요.

수니따: 아마도 감기에 걸린 것 같네요.

민우: 저도 그런 것 같아요.

수니따: 약 먹었어요?

민우: 먹고 싶지 않아요.

수니따: 그래도 먹어야 해요. 밥을 조금 먹고 나서 약을 드세요.

민우: 알겠어요. 수니따 씨, 부장님께 내 상황을 말해 주세요.

수니따: 알겠어요, 완전히 낫게 잘 쉬세요.

민우: 네. 고마워요.

व्याकरण

1 형용사 + सँग/सित ~하게

형용사에 सँग/सित를 덧붙여 서술어를 꾸미는 부사로 사용합니다.

राम्रोसँग जानुहोस्। 잘 가세요.

रमाइलोसित यात्रा गर्नुहोस्। 재미있게 여행하세요.

आरामसँग बस्नुहोस्। 안녕히 계세요.

2 -नेगरि ~하게 / ~하도록

동사의 -ने형에 गरि를 덧붙여 서술어를 꾸미는 부사처럼 사용합니다. 형용사 뒤에 गरि가 쓰이면 위 1의 경우처럼 '~하게'의 뜻이 됩니다.

बुझ्नेगरि बिस्तारै बोल्नुहोस्। 이해하도록 천천히 말하세요.

हेर्न सक्नेगरि ठूलो लेख्नुहोस्। 볼 수 있도록 크게 쓰세요.

3 -नुपर्नु ~해야 합니다

동사 기본형에 पर्नु를 덧붙여 의무나 당위를 표현합니다. पर्नु는 주어에 관계없이 3인칭 낮춤에 맞게 활용됩니다.

म अब जानुपर्छ। 나는 지금 가야 합니다.

타동사와 함께 पर्नु가 쓰일 경우 주어에 ले를 붙입니다.

मैले भोलि जाँच दिनुपर्छ। 나는 내일 시험을 쳐야 합니다.

의무를 강조하기 위해서 과거형 पर्‍यो가 사용되기도 합니다.

मैले भोलि जाँच दिनुपर्‍यो। 나는 내일 시험을 쳐야만 합니다.

4 병

1) **병명 + लाग्नु** ~에 걸리다

이미 병이 걸린 상태이면 과거형 **लाग्यो**를 사용하고 일반적인 사실일 때는 현재형 **लाग्छ**를 씁니다. 병이 걸린 사람에는 **लाई**를 덧붙입니다.

रोग लाग्यो। 병에 걸렸어요.

बच्चालाई पखाला लाग्यो। 아기가 설사를 해요.

जाडोमा धेरैलाई रुघा लाग्छ। 추위에 많은 이들이 감기에 걸려요.

2) **신체부위 + दुख्नु** ~가 아프다

현재 아픈 상태를 가리킬 때 과거형을 사용하고 아픈 부위가 주어가 되므로 3인칭 낮춤에 맞게 동사를 활용합니다.

टाउको दुख्यो। 머리가 아파요.

खुट्टा दुख्यो। 발이 아파요.

5 यस्तो, त्यस्तो 이런, 그런

मलाई पनि त्यस्तो लाग्छ। 나도 그런 것 같아요.

यस्तो कुरा कोरियामा पनि छ? 이런 일이 한국에도 있어요?

कहिलेदेखि त्यस्तो भयो? 언제부터 그랬어요?

TIP

त्यस्तै, यस्तै도 같은 의미로 쓸 수 있습니다.

अभिव्यक्ति

13-2

1 신체

शरीर	몸	पाखुरा	팔
टाउको	머리	हात	손
कपाल	머리카락	छाती	가슴
अनुहार	얼굴	काँध	어깨
आँखा	눈	पिठिउँ	등
नाक	코	ढाड	허리
मुख	입	घुँडा	무릎
कान	귀	खुट्टा	발, 다리
घाँटी	목	रगत	피
छाला	피부	हड्डी	뼈

2 건강과 병

स्वास्थ्य	건강	काट्नु	베다/자르다
स्वस्थ हुनु	건강하다	भाँचिनु	부러지다
रोग लाग्नु	병에 걸리다	घोच्नु	찌르다
पखाला लाग्नु	설사가 나다	सुन्निनु	붓다
रुघा लाग्नु	감기에 걸리다	पोल्नु	데다
ज्वरो आउनु	열이 나다	संक्रमण हुनु	감염되다
खोकी लाग्नु	기침이 나다	मर्कनु	접질리다
सिँगान आउनु	콧물이 나다	बिसन्चो	몸이 안 좋은
घाइते हुनु	상처가 나다	निको हुनु	낫다

3 의료

हस्पिटल	병원	जँचाउनु	진찰 받다, 검사하다
मेडिकल	약국	भर्ना गर्नु	입원하다/입학하다
हेल्थ पोस्ट	보건소	अपरेशन गर्नु	수술하다
औषधी	약	उपचार गर्नु	치료 받다
चक्की	알	सुई लगाउनु	주사 맞다

वास्तविक कुराकानी

13-3

अवस्था 1

상황 약국에서 약 구매하기

A: ज्वरो आयो, टाउको दुख्यो।

B: खोकी र सिँगान चाहिँ?

A: अलिअलि आउँछ।

B: खाना खाएपछि यो दुइटा पानीसित खानु। दुई दिनको लागि दिन्छु।

A: 열이 나고, 머리가 아파요.

B: 기침하고 콧물은요?

A: 조금씩 나요.

B: 밥을 먹은 후 이것 두 개를 물과 함께 드세요. 이틀 치를 드릴게요.

अवस्था 2

상황 병원 접수대에서 대화하기

A: के भयो?

B: हात काट्यो।

A: कसरी?

B: चक्कुले काट्यो।

A: तपाईँको नाम र फोन नम्बर यहाँ लेख्नुहोस्। त्यसपछि काउन्टरमा जानुहोस्।

A: 어떻게 된 거예요?

B: 손을 베었어요.

A: 어떻게요?

B: 칼에 베였어요.

A: 당신의 이름과 전화번호를 여기에 적으세요. 그러고 나서 수납대로 가세요.

अवस्था 3

상황 의사와 대화하기

A: केको लागि आउनुभयो?
B: पाखुरा एकदम दुख्यो।
A: तपाईंको हात उठाउनुहोस्।
B: आया! सक्दिनँ।
A: कति दिन भयो?
B: तीन दिन भयो।

A: 무엇을 위해 오셨나요?
B: 팔이 너무 아파요.
A: 당신의 팔을 올리세요.
B: 아야! 할 수 없어요.
A: 며칠 됐어요?
B: 3일 됐어요.

अवस्था 4

상황 일상 대화하기

A: आज म घर छिट्टै फर्कनुपर्छ।
B: तपाईंको घरमा के भयो?
A: आमा बिरामी हुनुहुन्छ। आमासँग हस्पिटल जानुपर्छ।
B: ए... आमालाई धेरै गाह्रो छ कि?
A: हिजो राती लडेपछि खुट्टा सुन्नियो।

A: 오늘 나는 집에 빨리 돌아가야 해요.
B: 당신 집에 무슨 일이 있어요?
A: 어머니께서 아프세요. 어머니와 병원에 가야 해요.
B: 아... 어머니께서 많이 힘드신가요?
A: 어젯밤에 넘어지신 후에 발이 부었어요.

वाक्य

13-4

1 राम्रोसँग -नुहोस्। 잘 ~하세요.

राम्रोसँग जानुहोस्।
잘 가세요.

राम्रोसँग बस्नुहोस्।
잘 있어요.

राम्रोसँग आराम गर्नुहोस्।
잘 쉬세요.

राम्रोसँग उपचार लिनुहोस्।
치료를 잘 받으세요.

2 म/मैले अब -नुपर्छ। 나는 이제 ~해야 해요.

म अब मेडिकल जानुपर्छ।
나는 이제 약국에 가야 해요.

म अब सुत्नुपर्छ।
나는 이제 자야 해요.

मैले अब होमवर्क गर्नुपर्छ।
나는 이제 숙제를 해야 해요.

म अब पढ्नुपर्छ।
나는 이제 공부해야 해요.

3 मलाई A(증상/병명) लाग्यो। 나는 A가 나요. / A에 걸렸어요.

मलाई रुघा लाग्यो।
나는 감기에 걸렸어요.

मलाई खोकी लाग्यो।
나는 기침이 나요.

मलाई पखाला लाग्यो।
나는 설사가 나요.

मलाई रोग लाग्यो।
나는 병에 걸렸어요.

4 A(신체 부위) दुख्यो। A가 아파요.

आँखा दुख्यो।
눈이 아파요.

कान दुख्यो।
귀가 아파요.

घाँटी दुख्यो।
목이 아파요.

ढाड दुख्यो।
허리가 아파요.

अभ्यास

1 다음 네팔어 단어와 의미가 일치하는 한국어 단어를 찾아 선으로 연결하세요.

1 स्वास्थ्य ·	· 건강
2 औषधी ·	· 병원
3 हस्पिटल ·	· 약
4 मेडिकल ·	· 병
5 हेल्थ पोस्ट ·	· 보건소
6 रोग ·	· 약국

2 다음 빈칸에 들어갈 알맞은 말을 <보기>에서 골라 해석에 맞게 활용하여 문장을 완성하세요.

보기

काट्नु भाँचिनु घोच्नु सुन्निनु

1 हात ______________ । 손을 베였어요.

2 आँखा ______________ । 눈이 찔렸어요.

3 घाँटी ______________ । 목이 부었어요.

4 खुट्टा ______________ । 다리가 부러졌어요.

3 **다음 빈칸에 들어갈 알맞은 말을 <보기>에서 골라 문장을 완성하세요.**

보기

खोकी ज्वरो रुघा सिँगान

1 ____________ लाग्यो। 감기에 걸렸어요.

2 ____________ आयो। 열이 나요.

3 ____________ लाग्यो। 기침이 나요.

4 ____________ आयो। 콧물이 나요.

4 **다음 해석에 맞게 문장을 작문하세요.**

1 잘 가세요.

____

2 열이 나고 머리도 아파요.

____

3 충분히 낫게 쉬세요.

____

4 나는 이제 일을 해야 해요.

____

5 나는 감기에 걸렸어요.

____

पाठ 14

이사

तपाईँले कोठा पाउनुभएको छैन?

방을 구하지 못했나요?

कुराकानी

14-1

सुनिता: अहिलेसम्म तपाईँले कोठा पाउनुभएको छैन?

मिनु: छैन।

सुनिता: तपाईँलाई कति वटा कोठा चाहिन्छ?

मिनु: एउटा पुरै फ्ल्याट चाहिन्छ। भान्छा, ट्वाइलेट अनि बेडरुम चाहिँ दुइटा छ भने राम्रो हुन्छ होला।

सुनिता: कुन तल्लामा चाहियो?

मिनु: दोस्रो तल्लामा भने राम्रो होला।

सुनिता: हाम्रो बजार थाह छ?

मिनु: थाह छैन। हाम्रो बजार भनेको के हो?

सुनिता: यो एउटा वेबसाइट हो। यसमा कोठा भाडाको जानकारी पाइन्छ। म अहिले हेरेर फ्ल्याट पाएँ भने तपाईँलाई देखाउँछु।

수니따: 지금까지 당신은 방을 구하지 못했나요?

민우: 못 했어요.

수니따: 당신은 몇 개의 방이 필요한가요?

민우: 독채가 필요해요. 주방, 화장실 그리고 침실은 두 개면 좋을 것 같아요.

수니따: 몇 층이 필요하세요?

민우: 두 번째 층이면 좋을 것 같아요.

수니따: 하므로 버자르를 알아요?

민우: 몰라요. 하므로 버자르가 뭐예요?

수니따: 이것은 웹사이트예요. 여기에 임대 정보가 있어요. 제가 지금 보고 독채를 찾으면 당신에게 보여줄게요.

शब्दहरू

फ्ल्याट 독채

भान्छा 주방

बेडरुम 침실

तल्ला 층

हाम्रो बजार 하므로 버자르 (중고 매매 사이트 이름)

भनेको के हो? ~(이)가 뭐예요?

वेबसाइट 웹사이트

व्याकरण

1 현재완료

현재완료는 과거에 시작해서 현재까지 영향을 주는 사건을 가리키는 시제로, 문맥에 따라 '~한 적이 있다(경험)', '이미 ~했다(완료)', '~하고 있다(진행)'로 해석합니다.

> **TIP**
> -**एको**형: 동사 어미로 **एको**가 쓰인 동사 변형(p.250 부록 <6. 과거형 어미> 참조)

-**एको**형* + **छ**-형

म कोरिया गएको छु। 나는 한국에 간 적이 있어요.

काम सकेको छ। 일이 다 끝났어요.

लुगा फेरेको छु। 옷을 이미 갈아입었어요.

단, 높임이 주어일 경우 **-नुभएको छ**를 사용합니다.

तपाईं कोरिया जानुभएको छ? 당신은 한국에 가신 적이 있나요?

아직 하지 않은 일을 가리킬 때는 단순 과거형보다는 현재완료형 부정형을 사용합니다.

खाना खानुभयो? 식사 했어요?

खाएको छैन। (아직) 안 먹었어요.

2 수동형

능동형 동사에 **इ**를 붙여 수동형을 만듭니다.

देख्नु 보다 → **देखिनु** 보이다

तपाईंको घरबाट हिमाल देखिन्छ? 당신의 집에서 히말라야가 보여요?

सुन्नु 듣다 → **सुनिनु** 들리다

मेरो स्वर सुनियो? 내 목소리가 들렸어요?

चाहनु 원하다 → **चाहिनु** 필요하다

प्लास्टिक झोला चाहिन्छ। 비닐봉지가 필요해요.

पाउनु 구하다/얻다 → **पाइनु** 구해지다, 있다

नेपालमा सुँगुरको मासु पाइन्छ? 네팔에 돼지고기가 있어요?

3 भनेको ~라고 하는

A(명사) + भनेको A이(가) / A이(란)

A: रेशम फिरिरि भनेको के हो ?

랫섬 피리리가 뭐예요?

B: रेशम फिरिरि भनेको नेपालको पुरानो गीत हो ।

랫섬 피리리란 네팔의 오래된 노래예요.

A: बाग्मती भनेको के हो ?

바그마티가 뭐예요?

B: बाग्मती भनेको नदीको नाम हो ।

바그마티란 강 이름이에요.

4 भने ~면

1)

명사 + भने ~(이)면

विद्यार्थीले भने राम्रोसँग पढ्नुपर्छ । 학생이면 공부를 잘해야 합니다.

2)

과거형 문장 + भने ~면(미래를 가정하는 문장)

पानी पऱ्यो भने म आउँदिनँ । 비가 오면 저는 안 와요.

घर पुग्नुभयो भने मलाई फोन गर्नु है । 집에 도착하면 저에게 전화하세요.

3)

현재형 문장 + भने ~면(현재를 가정하는 문장)

छाता छ भने अहिले ओढ्नुस् । 우산이 있으면 지금 쓰세요.

गाह्रो छ भने नगर्नु । 어려우면 하지 마세요.

अभिव्यक्ति

14-2

1 집과 방

फ्ल्याट	독채(층 전체)	लिभिङ् रुम	거실
भाडा	월세	भान्छा	주방
घरबेटी	집주인	आँगन	마당
भऱ्याङ्ग	계단	ट्वाइलेट	화장실
तल्ला	층	कौसी	옥상
भित्ता	벽	झ्याल	창문

2 가구와 가전제품

कार्पेट	장판	फ्रिज	냉장고
पर्दा	커튼	वासिङ्मेसिन	세탁기
खाट	침대	भ्याकुम	청소기
दराज	옷장	ग्याँसको चुलो	가스레인지
टेबुल	탁자, 식탁	टि.भी	텔레비전
मेच	의자	ए.सि	에어컨
डेस्क	책상	बत्ती	전등

3 서수

पहिलो*	दोस्रो	तेस्रो	चौथो	पाँचौँ	छैटौँ
첫째	둘째	셋째	넷째	다섯째	여섯째

구분	첫째	둘째	셋째	막내
아들	जेठो	माहिलो	साहिँलो	कान्छो
딸	जेठी	माहिली	साहिँली	कान्छी

TIP

पहिलो의 복수형 **पहिला**는 '먼저, 처음, 예전에'라는 의미로 쓰입니다.

वास्तविक कुराकानी

14-3

अवस्था 1

상황 과거 경험 묻기

A: तपाईँले किम्छी खानुभएको छ?

B: अहँ, खाएको छैन। किम्छी भनेको के हो?

A: त्यो कोरियन अचार हो।

B: त्यो नेपालमा पाइन्छ?

A: पाइन्छ।

A: 당신은 김치를 먹어본 적이 있어요?

B: 아니요, 먹어본 적이 없어요. 김치가 뭐예요?

A: 그것은 한국 장아찌예요.

B: 그게 네팔에 있어요?

A: 있어요.

अवस्था 2

상황 새 집에 필요한 물건 사기

A: नयाँ ठाउँमा सरेपछि मैले सबै सामान किन्नुपर्छ।

B: के के किन्नुपर्छ?

A: फ्रिज, वासिङ्मेसिन, ग्याँसको चुलो, खाट सबै किन्नुपर्छ।

B: कार्पेट छ?

A: कार्पेट पनि छैन।

B: त्यसोभए पहिला कार्पेट किन्नुपर्छ।

A: 새 곳으로 옮긴 후에 저는 모든 물건을 사야 해요.

B: 무엇무엇을 사야 해요?

A: 냉장고, 세탁기, 가스레인지, 침대 모두 사야 해요.

B: 장판은 있어요?

A: 장판도 없어요.

B: 그러면 먼저 장판을 사야 해요.

अवस्था 3

상황 등반 경험 묻기

A: तपाईँ हिमाल चढ्नुभएको छ?

B: चढेको छु।

A: कति पटक चढ्नुभएको छ?

B: तीन पटक चढेको छु।

A: त्यसोभए यसपालि चौथो पटक हुनेछ, होइन?

A: 당신은 히말라야를 등반한 적이 있습니까?

B: 등반한 적이 있어요.

A: 몇 번 등반해 보셨어요?

B: 세 번 등반해 봤어요.

A: 그러면 이번이 네 번째가 되겠네요, 아닌가요?

अवस्था 4

상황 자녀에 관한 대화

A: तपाईँको छोराछोरी कति जना छन्?

B: मेरो छोरा तीन जना र छोरी दुई जना छन्।

A: तपाईँ कोसँग बस्दै हुनुहुन्छ?

B: म अहिले कान्छासँग बस्दै छु।

A: कान्छा छोराले बिहे गर्नुभयो?

B: बिहे गरेको छैन।

A: 당신의 자녀는 몇 명인가요?

B: 제 아들은 세 명 그리고 딸은 두 명 있어요.

A: 당신은 누구와 살고 계세요?

B: 나는 지금 막내아들과 살고 있어요.

A: 막내아들은 결혼했어요?

B: 결혼은 아직 안 했어요.

अवस्था 5

상황 카펫 깔기

A: कार्पेट कति मिटर किन्ने?

B: कोठा नापेर पसलमा देखायो भने पसलको मान्छेले हिसाब गरिदिन्छ।

A: कार्पेट किनेपछि उनीहरुले राखिदिन्छन्?

B: पैसा थप्यो भने त्यो काम पनि गरिदिन्छ।

A: 장판 몇 미터 살까요?

B: 방을 재서 가게에 보여주면 가게 직원이 계산해줘요.

A: 장판을 산 다음에 그 사람들이 깔아줘요?

B: 돈을 추가하면 그 일도 해줘요.

वाक्य

14-4

1 म A(장소) गएको छु। 나는 A에 간 적이 있어요.

म नेपाल गएको छु।
나는 네팔에 간 적이 있어요.

म चितवन गएको छु।
나는 치트완에 간 적이 있어요.

म ईलाम गएको छु।
나는 일람에 간 적이 있어요.

म पशुपति* गएको छु।
나는 빠수빠티에 간 적이 있어요.

TIP

पशुपति는 유네스코 세계유산으로 지정된 힌두 신전이며 카트만두 동쪽에 위치해 있습니다.

2 A भनेको B हो। A가/란 B예요.

A: चर्पी भनेको के हो?
짜르삐가 뭐예요?

B: चर्पी भनेको ट्वाइलेट हो।
짜르삐란 화장실이에요.

A: भान्छा भनेको के हो?
반차가 뭐예요?

B: भान्छा भनेको खाना पकाउने कोठा हो।
반차란 밥을 하는 방이에요.

3 यहाँ A पाइन्छ? 여기에 A가 있어요?

यहाँ किम्छी पाइन्छ?

여기에 김치가 있어요?

यहाँ कोरियन चाउचाउ पाइन्छ?

여기에 한국 라면이 있어요?

यहाँ बिस्कुट पाइन्छ?

여기에 비스킷이 있어요?

यहाँ दालभात पाइन्छ?

여기에 네팔정식이 있어요?

4 Aलाई B चाहिन्छ। A에게 B가 필요해요.

तपाईँलाई के चाहिन्छ?

당신에게 무엇이 필요해요?

मलाई कुखुराको मासु चाहिन्छ।

나에게 닭고기가 필요해요.

मलाई एउटा प्लास्टिक झोला चाहिन्छ।

나에게 비닐봉지 한 개가 필요해요.

मलाई चप्पल चाहिन्छ।

나에게 슬리퍼가 필요해요.

अभ्यास

1 다음 네팔어 단어와 의미가 일치하는 한국어 단어를 찾아 선으로 연결하세요.

1 कार्पेट ·	· 탁자
2 पर्दा ·	· 책상
3 खाट ·	· 침대
4 दराज ·	· 냉장고
5 टेबुल ·	· 옷장
6 मेच ·	· 의자
7 डेस्क ·	· 장판
8 फ्रिज ·	· 커튼

2 다음 빈칸에 들어갈 알맞은 동사를 <보기>에서 골라 해석에 맞게 활용하여 문장을 완성하세요.

보기

चाहिनु देखिनु पाइनु सुनिनु

1 यो गीत ______________?

이 노래가 들려요?

2 यो पसलमा कोरियन चाउचाउ ______________?

이 가게에 한국 라면이 있어요?

3 यो टोपी कस्तो ______________?

이 모자가 어떻게 보여요?

4 यो कोठामा एउटा खाट ______________।

이 방에 침대 하나가 필요해요.

3 다음 빈칸에 들어갈 알맞은 동사를 <보기>에서 골라 해석에 맞게 활용하여 문장을 완성하세요.

보기

जानु सुन्नु हुनु हेर्नु

1 तपाईं कोरिया ______________?
당신은 한국에 간 적이 있어요?

2 तपाईंले यो फिल्म ______________?
당신은 이 영화를 본 적이 있어요?

3 मैले त्यो कुरा ______________।
나는 그 이야기를 들은 적이 없어요.

4 म तयार ______________।
나는 아직 준비가 안 되었어요.

4 다음 해석에 맞게 문장을 작문하세요.

1 비가 오면 저는 안 가요.

____

2 여기에 우유가 있어요? (पाइनु)

____

3 아이들에게 학교가 필요해요.

____

4 당신은 한국에 간 적이 있어요?

____

5 나는 한국에 간 적이 없어요.

____

पाठ

15 आज दिनभरि काम गरेको।

가사

오늘 하루 종일 일을 했어요.

कुराकानी

15-1

शब्दहरू

भाउजू 형수님(친척 관계가 아니더라도 친한 사이에 쓸 수 있는 표현)

थकाइ 피로

दिनभरि 하루 종일

सफा गर्नु 청소하다

बिग्रनु 고장나다

बत्ती 전등, 전기

फेर्नु 갈다, 갈아입다

मिनु: **भाउजू, तपाईं आज बिरामी देखिन्छ। के भयो?**

घरबेटी: **मलाई धेरै थकाइ लाग्यो।**

मिनु: **काम धेरै गर्नुभयो कि?**

घरबेटी: **आज दिनभरि काम गरेको। खाना पकाएँ, लुगा धोएर सुकाएँ, अनि घर सफा गरेँ।**

मिनु: **एक्लै घरको काम गर्नुपरेकोले तपाईंलाई गाह्रो छ होला। ठूलो भइसकेको छोरा छ नि। सँगै मिलेर काम गर्नुहोस् न।**

घरबेटी: **छोरा कहिले पनि घरको काम गर्दैन।**

मिनु: **आज दाइको बिदा होइन? दाइ चाहिँ के गर्दै हुनुहुन्छ?**

घरबेटी: **उहाँ चाहिँ बिग्रेको बत्ती फेर्दै हुनुहुन्छ।**

मिनु: **ए, आज दुवै जना धेरै व्यस्त हुनुहुन्छ।**

민우: 형수님, 오늘 아파 보여요. 무슨 일이에요?

집주인: 나는 많이 피곤해요.

민우: 일을 많이 하셨나요?

집주인: 오늘 하루 종일 일을 했어요. 음식을 하고, 빨래해서 널고, 집 청소도 했어요.

민우: 혼자 집안일을 해야 해서 힘드시겠어요. 다 큰 아들이 있잖아요. 같이 일을 하세요.

집주인: 아들은 집안일을 절대 안 해요.

민우: 오늘 형님은 휴가 아닌가요? 형님은 뭐 하고 계세요?

집주인: 그분은 고장난 전등을 가는 중이에요.

민우: 아, 오늘 두 분이 많이 바쁘시네요.

व्याकरण

1 -एको*

1) -एको로 문장이 끝나는 경우

문맥에 따라서 단순 과거형과 같은 의미로 쓰이기도 하고, '~했는데'라는 의미로 쓰이기도 합니다.

आज दिनभरि घरमा बसेको। 오늘 하루 종일 집에 있었어요.

हिजो बल्ल काठमाण्डौँमा पुगेको। 어제 겨우 카트만두에 도착했어요.

भर्खरै खाना खाएको। 방금 밥을 먹었어요.

2) | **-एको + 명사** ~한 ~ / ~했던 ~ |

कोरियामा बसेको बेला 한국에서 지냈던 때

हिजो सुतेको कोठा 어제 잤던 방

अस्ति चढेको बस 그저께 탔던 버스

'-ने + 명사'와 비교

कोरियामा बस्ने बेला 한국에서 지내는 때

आज सुत्ने कोठा 오늘 자는 방

भोलि चढ्ने बस 내일 타는 버스

3) | **-एको + ले → एकोले** ~했기 때문에 |

हिजो किनेकोले आज किन्दिनँ।
어제 샀기 때문에 오늘은 사지 않아요.

बिदा भएकोले आराम गर्छु।
휴일이기 때문에 쉴래요.

कोठा सरेकोले नयाँ सामान किन्नुपर्छ।
이사를 했기 때문에 새로운 물건을 사야 해요.

TIP

-एको형: 동사 어미로 एको가 쓰인 동사 변형(p.250 부록 <6. 과거형 어미> 참조)

2 의문사 + पनि

부정문과 함께 사용됩니다.

को पनि* (कोही पनि)	아무도
के पनि (केही पनि)	아무것도
कहीँ पनि / कतै पनि	아무 데도
कहिले पनि	전혀, 절대

स्कुलमा कोही पनि आएको छैन। 학교에 (아직) 아무도 오지 않았다.

केही पनि खानुहुन्न? 아무것도 안 드세요?

कहीँ पनि जाँदिनँ। 아무 데도 안 가요.

उहाँ कहिले पनि किताब पढ्नुहुन्न। 그분은 전혀 책을 읽지 않으신다.

TIP

को पनि는 -लाई, -ले와 함께 쓰일 경우 कसलाई पनि, कसले पनि가 됩니다.

3 -भरि ~내내

기간/장소를 가리키는 명사 + **भरि** ~ 내내 / 전 ~

रातभरि 밤새

दिनभरि 하루 종일

हप्ताभरि 주 내내

संसारभरि 전 세계

अभिव्यक्ति

15-2

1 가사

पकाउनु	요리하다	सफा गर्नु	청소하다
भाँडा माझ्नु	설거지하다	लुगा धुनु	빨래하다
उमाल्नु	끓이다	लुगा सुकाउनु	빨래를 널다
बिग्रिनु	고장나다	मर्मत गर्नु	보수하다

बिग्रिनु = बिग्रनु 고장나다

2 가사도구

पेचकस	드라이버	बुरूस	솔
कैंची	가위	बाल्टिन	양동이
चक्कु	칼	धूलो उठाउने	쓰레받기
भाँडा	냄비	कुचो	빗자루

3 몸의 상태

भोक लाग्नु	배고프다	तिर्खा लाग्नु	목마르다
थकाइ लाग्नु	피곤하다	अप्ठ्यारो लाग्नु	불편하다
निद्रा लाग्नु	졸리다	असजिलो लाग्नु	불편하다

현재의 상태를 말할 때는 **लाग्यो**를 사용하고 감각을 느끼는 사람에 **लाई**를 덧붙입니다.

तपाईँलाई भोक लाग्यो? 당신은 배고픈가요?

मलाई थकाइ लाग्यो। 나는 피곤해요.

वास्तविक कुराकानी

15-3

अवस्था 1

상황 식사 초대

A: खाना धेरै मीठो थियो। म भाँडा माझ्छु, है।
B: पर्दैन, म पछि गर्छु नि।
A: त्यसोभए म टेबुल सफा गर्छु।
B: धन्यवाद, म चाहिँ कफी र बिस्कुट तयारी गर्छु।

A: 식사가 아주 맛있었어요. 제가 설거지를 할게요, 네?
B: 할 필요 없어요, 내가 이따 할게요.
A: 그러면 제가 탁자를 치울게요.
B: 고마워요, 나는 커피와 비스킷을 준비할게요.

अवस्था 2

상황 김치 만들기

A: किम्छी बनाउन सामान तयार गर्नुभयो?
B: गरेँ। यहाँ फिस सस, बन्दा, मुला, हरियो प्याज, नुन, लसुन, अदुवा र खुर्सानी तयार भयो।
A: मैले कोरियन खुर्सानी पनि ल्याएको। यो नेपालको भन्दा कम पिरो हुन्छ।
B: हो र? धन्यवाद।
A: पहिला बन्दा र मुला काटेर नुन हाल्नु है।

A: 김치를 만들기 위해 재료들을 준비하셨어요?
B: 했어요. 여기 피시 소스, 배추, 무, 파, 소금, 마늘, 생강, 고추가 준비되었어요.
A: 나는 한국 고추를 가지고 왔어요. 이것은 네팔 것보다 덜 매워요.
B: 그래요? 고마워요.
A: 먼저 배추와 무를 잘라서 소금을 넣으세요.

अवस्था 3

상황 물 마시기

A: मलाई तिर्खा लाग्यो। पानी छ?

B: छ। उमालेको पानी र फ्रिजमा राखेको पानी, कुन चाहिँ पिउने हो?

A: कहिले फ्रिजमा राख्नुभयो?

B: एक घण्टा अघि राखेको।

A: गर्मी भएकोले फ्रिजको पानी दिनुस्।

A: 나는 목이 말라요. 물이 있나요?

B: 있어요. 끓인 물과 냉장고에 둔 물이 있는데, 어떤 것을 마시겠어요?

A: 언제 냉장고에 두었어요?

B: 1시간 전에 두었는데요.

A: 더우니까 냉장고의 물을 주세요.

अवस्था 4

상황 먹을 것 찾기

A: तपाईँलाई भोक लागेन?

B: लाग्यो नि।

A: घरमा खानेकुरा केही पनि छैन?

B: चाउचाउ छ। खानुहुन्छ?

A: 당신은 배고프지 않은가요?

B: 고프지요.

A: 집에 먹을 것이 아무것도 없어요?

B: 라면이 있어요. 드실래요?

वाक्य

15-4

1 मलाई A(상태명사) लाग्यो। A를 느껴요.

मलाई भोक लाग्यो।

나는 배가 고파요.

मलाई तिर्खा लाग्यो।

나는 목이 말라요.

मलाई थकाइ लाग्यो।

나는 피곤해요.

मलाई निद्रा लाग्यो।

나는 졸려요.

2 भर्खरै -एको। 방금 ~했는데요.

भर्खरै उठेको।

방금 일어났는데요.

भर्खरै चिया पिएको।

방금 차를 마셨는데요.

भर्खरै सफा गरेको।

방금 청소를 했는데요.

भर्खरै कपाल पखालेको।

방금 머리를 감았는데요.

3 -एको A ~한 A

सिकेको कुरा छिट्टै बिर्सन्छु।
배운 것을 빨리 잊어 버려요.

गाह्रो भएको काम बल्ल सकियो।
어려웠던 일이 드디어 끝났어요.

बिरामी भएको मान्छे कहाँ गएर आएको?
아픈 사람이 어디 갔다가 왔어요?

बिग्रिएको सामान बनाउँछु।
고장 난 물건을 고칠게요.

4 -एकोले थकाइ लाग्यो। ~했기 때문에 피곤해요.

काम धेरै गरेकोले थकाइ लाग्यो।
일을 많이 했기 때문에 피곤해요.

दिनभरि हिँडेकोले थकाइ लाग्यो।
하루 종일 걸었기 때문에 피곤해요.

रातभरि पढेकोले थकाइ लाग्यो।
밤새도록 공부했기 때문에 피곤해요.

कुरा धेरै गरेकोले थकाइ लाग्यो।
말을 많이 했기 때문에 피곤해요.

अभ्यास

1 다음 네팔어 단어와 의미가 일치하는 한국어 단어를 찾아 선으로 연결하세요.

1 सफा गर्नु •	• 청소하다
2 लुगा धुनु •	• 옷을 말리다
3 लुगा सुकाउनु •	• 옷을 빨다
4 पकाउनु •	• 음식을 하다
5 उमाल्नु •	• 고치다/만들다
6 बनाउनु •	• 고장나다
7 बिग्रिनु •	• 끓이다

2 다음 빈칸에 들어갈 알맞은 동사를 <보기>에서 골라 -एको로 활용하여 문장을 완성하세요.

보기

गर्नु बनाउनु माझ्नु सिलाउनु

1 अघि .... भाँडा कता राख्नुभयो?

아까 설거지한 그릇을 어디에 두었어요?

2 मैले सफा .... कोठा फेरि फोहोर भयो।

내가 청소했던 방이 다시 더러워졌어요.

3 अस्ति .... कुर्ता लगाउनु।

그제 재봉한 꾸르따를 입으세요.

4 तपाईंले .... घर यो हो?

당신이 만든 집이 이거예요?

3 다음 빈칸에 들어갈 알맞은 동사를 <보기>에서 골라 **-एकोले** 형태로 활용하여 문장을 완성하세요.

보기

खेल्नु　गर्नु　पर्नु　सिक्नु

1 पानी ______ एकछिन बसेपछि हिँड्छु।
비가 오기 때문에 잠깐 앉았다가 갈게요.

2 काम धेरै ______ थकाइ लाग्यो।
일을 많이 했기 때문에 피곤해요.

3 फुटबल ______ तिर्खा लाग्यो।
축구를 했기 때문에 목이 말라요.

4 कोठा सर्नु ______ तपाईंको मदत चाहिन्छ।
이사를 해야 하기 때문에 당신의 도움이 필요해요.

5 कोरियन भाषा ______ तपाईंको कुरा बुझ्छु।
한국어를 배웠기 때문에 당신의 말을 이해해요.

4 다음 해석에 맞게 문장을 작문하세요.

1 방금 밥을 먹었어요. (खाएको)

______

2 한국에서 지내던 때에 그분을 만났어요. (-एको बेला)

______

3 휴일이기 때문에 쉴래요.

______

4 아직 아무도 오지 않았어요.

______

5 나는 아무 데도 안 가요.

______

पाठ 16

농사

जहिले पनि फुर्सद हुँदा गाउँ जान्छु।

한가할 때는 언제나 시골에 가요.

कुराकानी

16-1

शब्दहरू

बेलाबेलामा 때마다
फुर्सद 여유 있는, 한가한
केरा 바나나
जहाँपनि 어디든
सुन्तला 오렌지
अम्बा 구아바
फलफूल 과일

मिनु: **तपाईं काठमाण्डौंमा आउनुभएको कति वर्ष भयो?**

सुनिता: **सात वर्ष भयो।**

मिनु: **तैपनि तपाईं बेलाबेलामा गाउँ जानुहुन्छ नि।**

सुनिता: **हो। जहिले पनि फुर्सद हुँदा गाउँ जान्छु। हिजो पनि गएर आएको। केरा अलिकति ल्याएँ।**

मिनु: **ए, हो। केरा सानो रहेछ।**

सुनिता: **सानो भए पनि मीठो हुन्छ। खानुहोस् न।**

मिनु: **अँ, साँच्चै मीठो रहेछ। तपाईंको गाउँमा केरा धेरै पाइन्छ?**

सुनिता: **हाम्रो गाउँमा जहाँ पनि पाइन्छ। अनि सुन्तला र अम्बा पनि धेरै छ।**

मिनु: **पहिला तपाईंले सुन्तला पनि ल्याउनुभएको जस्तो लाग्यो। तपाईंले गर्दा गाउँको ताजा फलफूल मैले पनि खान पाएँ।**

민우: 당신은 카트만두에 온 지 몇 년이 되었어요?

수니따: 7년 되었어요.

민우: 그런데도 당신은 때마다 시골에 가시잖아요.

수니따: 네. 한가할 때는 언제나 시골에 가요. 어제도 갔다 왔는데요. 바나나를 조금 가져왔어요.

민우: 그렇군요. 바나나가 작네요.

수니따: 작아도 맛있어요. 드세요.

민우: 네, 진짜로 맛있네요. 당신네 시골에는 바나나가 많이 있나요?

수니따: 우리 시골에는 어디에서나 있어요. 그리고 오렌지와 구아바도 많이 있어요.

민우: 예전에 당신이 오렌지도 가져오셨던 것 같아요. 당신 덕분에 시골의 신선한 과일들을 맛보게 됐어요.

व्याकरण

1 जस्तो लाग्नु ~것 같다

1) **문장 + जस्तो लाग्नु** ~것 같다

추측하는 문장 뒤에 넣어 앞 문장의 불확실성*을 전달합니다.

भोलि नेपाल बन्द छ जस्तो लाग्यो।
내일 네팔 파업이 있을 것 같아요.

यो भन्दा त्यो राम्रो छ जस्तो लाग्यो।
이것보다 저것이 좋은 것 같아요.

उहाँ यो महिना कोरिया जानुहुन्छ जस्तो लाग्यो।
그분은 이번 달에 한국에 가시는 것 같아요.

2) **-एको + जस्तो लाग्नु** ~한 것 같다

과거의 사건을 추측할 때 사용합니다.

घरमा छोडेर आएको जस्तो लाग्यो।
집에 두고 온 것 같아요.

काम सकेको जस्तो लाग्यो।
일이 끝난 것 같아요.

2 관계사 + पनि

긍정문에 쓰이며 '예외 없이'라는 의미를 더합니다.

जो पनि	누구든	जति पनि	얼마든
जे पनि	무엇이든	जस्तो पनि	어떤 ~든
जहाँ पनि / जता पनि	어디든	जसरी पनि	어떻게든
जहिले पनि	언제든	जुन पनि	어느 것이든 / 어느 ~이든

TIP
근거가 있는 추측은 과거형 **लाग्यो**를, 막연한 추측은 현재형 **लाग्छ**를 씁니다.

जो पनि आउन सक्छ।
누구든 올 수 있어요.

एकदम भोक लागेर जे पनि खान सक्छु।
너무 배가 고파서 무엇이든 먹을 수 있어요.

जहाँ पनि हिँड्छु।
어디든지 갈게요.

जहिले पनि फोन गर्न सक्नुहुन्छ।
언제든 전화하실 수 있으세요.

यो किन्न जति पनि तिर्न सक्छु।
이것을 사기 위해서 얼마든지 지불할 수 있어요.

जस्तो पनि ठाउँमा बस्न सक्छु।
어떤 곳이든 지낼 수 있어요.

3 -न पाउनु ~하게 되었다

'~할 기회를 얻다', '~하게 되었다'로 해석하며 뜻하지 않게 좋은 결과에 이르게 되었을 때 사용합니다.

धन्यवाद, आज नयाँ कुरा खान पाएँ।
고마워요, 오늘 새로운 것을 먹게 되었어요.

नेपाल घुम्न गएर भाषा पनि सिक्न पाएँ।
네팔에 여행 가서 언어도 배우게 되었어요.

कोरियामा बस्दा धेरै साथी बनाउन पाएँ।
한국에서 지낼 때 많은 친구들을 만들게 되었어요.

4 रहेछ- ~네요

기대하지 않던 사실, 예상하지 못한 사실을 확인했을 때 쓰는 표현입니다. 의아함, 반가움, 놀라움 같은 느낌을 전달합니다. 주어에 따라 서술어 끝의 छ동사를 활용합니다. -एछ형* 이 रहनु에 적용되는 경우입니다.

✎ TIP

p.202 17과 4 참고

1)

-एको रहेछ- ~했군요 / ~했네요

ए, तपाईँले मेरो कुरा बुझ्नुभएको रहेछ। 아, 당신은 내 말을 이해하셨네요.

मैले छाता यहाँ राखेको रहेछु। 내가 우산을 여기에 두었었네요.

2)

-दो रहेछ- ~하네요 / ~군요

कोरियन भाषा आउँदो रहेछ। 한국어를 말할 줄 아시네요.

यो मेसिन चल्न सक्दो रहेछ। 이 기계는 작동할 수 있네요.

3)

형용사/명사 + रहेछ- ~하네요 / ~군요 / ~있네요

राम्रो रहेछ। 좋네요.

महङ्गो रहेछ। 비싸네요.

यहाँ छाता रहेछ। 여기에 우산이 있네요.

5 -एको ~ भयो। ~한 지 ~이(가) 되었다.

-एको + 기간 + भयो। ~한 지 ~이(가) 되었다.

नेपालमा आएको कति वर्ष भयो? 네팔에 온 지 몇 년이 되었어요?

कोरियन सिकेको दुई वर्ष भयो। 한국어를 배운 지 2년이 되었어요.

यो रोपेको तीन वर्ष भयो। 이것을 심은 지 3년이 되었어요.

अभिव्यक्ति

16-2

1 농사

गाउँ	시골	पाक्नु	익다
खेत	논	पाल्नु	기르다
बारी	밭	रोप्नु	심다
गोठालो	가축 치기	छर्नु	뿌리다
धान	벼	टिप्नु	따다
अन्न	곡식	खन्नु	파다

2 과일

फलफूल	과일	केरा	바나나
स्याउ	사과	अनार	석류
खरबुजा	수박	सुन्तला	오렌지
आँप	망고	मेवा	파파야

वास्तविक कुराकानी

16-3

अवस्था 1

상황 휴가 때 할 일 말하기

A: मैले एक हप्ताको बिदा लिएको छु।
B: तपाईंलाई के भयो?
A: धान रोप्न गाउँ जान्छु।
B: ए, धान रोप्ने सिजन त सुरु भएको रहेछ। तपाईंको खेतबारी धेरै छ कि?
A: धेरै छ नि।

A: 나는 한 주 휴가를 냈어요.
B: 당신에게 무슨 일이 있어요?
A: 모내기를 하러 시골에 가요.
B: 아, 모내기 철이 시작되었네요. 당신의 논밭은 많습니까?
A: 많지요.

अवस्था 2

상황 세대 간 소음 사과하기

A: नानीले जहिले पनि कोठामा गीत गाउँछ, है।
B: हो नि, मेरी छोरी जहाँ पनि गीत गाउँछे*। सरी, तपाईंलाई डिस्ट्रब भयो, है।
A: केही छैन, नानीको राम्रो गीत सुन्न पाएँ नि।
B: तपाईंको मन कत्ति राम्रो रहेछ।

A: 아이가 언제나 방에서 노래를 불러요, 그렇죠?
B: 그러게요, 딸아이가 어디서나 노래를 불러요. 미안해요, 당신에게 방해가 되었어요.
A: 아니에요, 아이의 멋진 노래를 듣게 되었잖아요.
B: 당신의 마음은 정말 훌륭하네요.

TIP

여성이 주어인 3인칭 낮춤 현재형으로 छे가 사용됩니다.

p.247 부록 <3. हुनु동사의 활용(현재형)> 참조

डिस्ट्रब 방해

अवस्था 3

상황 네팔에 온 지 얼마나 되었는지 묻고 답하기

A: तपाईंको घर कहाँ छ?

B: म कोरियन हुँ।

A: ए, नेपाली हो जस्तो लागेको। कत्ति राम्रो नेपाली आउँदो रहेछ!

B: त्यति धेरै त होइन, अलिअलि आउँछ।

A: नेपालमा बस्नु भएको कति वर्ष भयो?

B: दस वर्ष भन्दा बढी भएको जस्तो लाग्यो। एकछिन गन्छु।

A: 당신의 집은 어디에 있어요?

B: 저는 한국인이에요.

A: 아, 네팔 사람인 것 같았어요. 정말 네팔말을 잘하시네요!

B: 그렇게 잘하지는 않아요, 조금 할 줄 알아요.

A: 네팔에 사신 지 몇 년이나 되었어요?

B: 10년 더 된 것 같아요. 잠시 세어 볼게요.

अवस्था 4

상황 망고 따기

A: तपाईंको मदतले आज धेरै आँप टिप्न सक्यो।

B: आज यति हो?

A: यति हो। आज तपाईंलाई धेरै थकाइ लाग्यो होला।

B: होइन, रमाइलो भयो। अनि नयाँ अनुभव गर्न पनि पाएँ।

A: 당신의 도움으로 오늘 많은 망고를 딸 수 있었어요.

B: 오늘은 여기까진가요?

A: 여기까지예요. 오늘 많이 피곤하시겠어요.

B: 아니에요, 재밌었어요. 그리고 새로운 경험도 하게 되었어요.

वाक्य

16-4

1 문장 जस्तो लाग्यो। ~것 같아요.

बाटो हराएको जस्तो लाग्यो।
길을 잃은 것 같아요.

छोरा घर आएको जस्तो लाग्यो।
아들이 집에 온 것 같아요.

आज पानी पर्छ जस्तो लाग्यो।
오늘 비가 올 것 같아요.

अझ समय लाग्छ जस्तो लाग्यो।
시간이 더 걸릴 것 같아요.

2 जहिले पनि -छु। 언제나/언제든지/항상 ~해요.

जहिले पनि गीत सुन्छु।
언제나 노래를 들어요.

जहिले पनि कोरियन खाना खान्छु।
언제나 한국 음식을 먹어요.

जहिले पनि मदत गर्न सक्छु।
언제든지 도와줄 수 있어요.

जहिले पनि हिँड्न सक्छु।
언제든지 출발할 수 있어요.

3 **म/मैले -न पाएँ।** 나는 ~하게 되었어요.

म तीन दिन बस्न पाएँ।

나는 3일 동안 지내게 되었어요.

मैले आराम गर्न पाएँ।

나는 쉬게 되었어요.

मैले नेपाली सिक्न पाएँ।

나는 네팔어를 배우게 되었어요.

मैले हिमाल देख्न पाएँ।

나는 히말라야를 보게 되었어요.

4 **형용사 रहेछ।** ~하네요.

काम रमाइलो रहेछ।

일이 재밌네요.

खाना मीठो रहेछ।

밥이 맛있네요.

तपाईंको छोरा ठूलो रहेछ।

당신의 아들은 크네요.

तपाईंको गाउँ टाढा रहेछ।

당신의 고향은 머네요.

अभ्यास

1 다음 네팔어 단어와 의미가 일치하는 한국어 단어를 찾아 선으로 연결하세요.

1 फलफूल ·	· 사과
2 स्याउ ·	· 망고
3 खरबुजा ·	· 바나나
4 मेवा ·	· 과일
5 आँप ·	· 수박
6 केरा ·	· 오렌지
7 सुन्तला ·	· 파파야

2 다음 빈칸에 들어갈 알맞은 말을 <보기>에서 골라 문장을 완성하세요.

보기

जहाँ जो जुन जे पनि

1 म __________ सँग __________ जान्छु।
나는 누구든지 함께 가겠어요.

2 उहाँ __________ __________ जानुहुन्छ।
그분은 어디든지 가세요.

3 उहाँ __________ __________ बनाउनुहुन्छ।
그분은 무엇이든지 만드세요.

4 __________ __________ खाजा खान सक्छु।
어느 간식이든지 먹을 수 있어요.

3 **다음 빈칸에 들어갈 알맞은 동사를 <보기>에서 골라 -एको 형태로 활용하여 문장을 완성하세요.**

보기
चलाउनु   गर्नु   बस्नु   हुनु

1 नेपालमा ______ कति वर्ष भयो?

네팔에 산 지 몇 년이나 되었어요?

2 पसल ______ दुई वर्ष भयो।

가게를 운영한 지 2년이 되었어요.

3 यो काम ______ तीन वर्ष भयो।

이 일을 한 지 3년이 되었어요.

4 डाक्टर ______ एक वर्ष भयो।

의사가 된 지 1년이 되었어요.

4 **다음 해석에 맞게 문장을 작문하세요.**

1 뭐든지 먹을 수 있어요.

______

2 나는 네팔어를 배우게 되었어요.

______

3 내일 네팔 파업이 있을 것 같아요.

______

4 좋네요. (रहेछ)

______

पाठ

17

문제 및 감정

우산은 저쪽 벽에 걸어 두세요.

छाता ऊ त्यो भित्तामा झुन्ड्याइराख्नु।

कुराकानी

17-1

मिनु: बिहान ल्याएको छाता अहिले कहाँ गयो? मैले यहाँ राखेको जस्तो लाग्यो।

सुनिता: सुस्माले उता डेस्कमा सारेको देखेँ। त्यहाँ छैन?

मिनु: छैन, खुट्टा नभएको छाता कता गयो?

सुनिता: अफिसमा मान्छे आउने जाने गर्छ। कसैले चोरेर लग्यो कि?

मिनु: हिजो किनेको छाता हराएर दुःख लाग्यो। नेपालमा पनि चोर छ?

सुनिता: छ नि। जहाँ पनि राम्रो मान्छे अनि नराम्रो मान्छे हुन्छ नि।

मिनु: तपाईंको कुरा सही हो। आज महत्त्वपूर्ण कुरा सिक्न पाएँ।

(एकछिन पछि)

मिनु: ला, यहाँ पो रहेछ। यतै राखेको त बिर्सेछु।

सुनिता: अबदेखि छाता ऊ त्यो भित्तामा झुन्ड्याइराख्नु, त्यहाँ राख्दा बिर्सनुहुन्न नि।

민우: 아침에 가지고 온 우산이 지금 어디 갔죠? 내가 여기에 둔 것 같은데요.

수니따: 수스마가 저쪽 책상으로 옮긴 것을 보았어요. 거기에 없어요?

민우: 없어요, 발 없는 우산이 어디로 갔을까요?

수니따: 사무실에 사람들이 오고 가잖아요. 누군가가 훔쳐갔을까요?

민우: 어제 산 우산을 잃어버려서 속상해요. 네팔에도 도둑이 있어요?

수니따: 있지요. 어디든 좋은 사람과 나쁜 사람이 있잖아요.

민우: 당신의 말이 맞아요. 오늘 중요한 것을 배우게 되었어요.

(잠시 후)

민우: 이런, 여기에 있었네요. 여기에 두었던 것을 잊었네요.

수니따: 이제부터 우산은 저쪽 벽에 걸어 두세요, 거기에 두면 잊어버리지 않잖아요.

शब्दहरू

- **सार्नु** 옮기다
- **चोर्नु** 훔치다
- **हराउनु** 잃어버리다
- **चोर** 도둑
- **जहाँ** 어디든
- **सही** 참, 진실
- **महत्त्वपूर्ण** 중요한
- **पो** 의아함, 놀람을 표현하는 단어
- **रहनु** 있다 / 유지되다
- **बिर्सनु** 잊다
- **भित्ता** 벽
- **झुन्ड्याउनु** 매달다, 걸다

व्याकरण

1 -इराख्नु ~어 두다 / ~어 놓다

어떤 동작을 취한 뒤 그 결과가 유지되게 함을 의미합니다. '~두다', '~놓다'로 해석합니다.

झ्याल खोलिराख्नुस्।
창문을 열어 두세요.

कपडा सुकाइराख्नुस्।
옷을 말려 두세요.

जुत्ता सिलाइराख्नुस्।
신발을 꿰매어 두세요.

TIP
-एकोंह형: 동사 어미로 एको가 쓰인 동사 변형(p.250 부록 <6. 과거형 어미> 참조)

2 -एको* + 일반동사 ~한 것을 ~하다

-एको가 서술어 앞에서 목적어로 사용된 경우 '~한 것'으로 해석합니다.

1) -एको देख्नु ~한 것을 보다

बाबु उता खेलेको देखेँ।
아이가 저기에서 노는 것을 보았어요.

TIP
-एको가 명사 앞에서 형용사로 사용된 경우 '~한'으로 해석합니다.

2) -एको बिर्सनु ~한 것을 잊다

छाता ल्याएको बिर्सें।
우산을 가져온 것을 잊어버렸어요.

3) -एको याद आउनु ~한 기억이 나다

अस्ति मेरो कपी लिएको याद आयो?
그저께 내 공책을 가져간 게 기억이 났어요?

4) -एको थाह हुनु/पाउनु ~한 것을 알다

मैले तपाईँको पैसा लिएको थाह पाउनुभयो?

내가 당신의 돈을 가져간 것을 알았어요?

आमा कता जानुभएको थाह छ?

어머니께서 어디에 가셨는지 알아요?

3 -ने गर्नु ~하고는 하다

주기적, 반복적으로 일어남을 강조할 때 사용합니다. '~하고는 하다', '가끔 ~하다'라고 해석합니다.

अफिसमा मान्छे आउने जाने गर्छ।

사무실에 사람이 오가고는 합니다.

मानिसहरु ठग्ने र ठगिने गर्छन्।

사람들은 속이기도 속기도 합니다.

पसलमा साथीसित गफ गर्ने गर्छु।

가게에서 친구들과 한담을 나누고는 합니다.

ठग्नु 속이다, 사기치다

ठगिनु 속다, 사기를 당하다

4 -एछ। ~했다 / ~하게 되었다

기대하지 않거나 의도하지 않은 결과에 이르게 되었음을 표현할 때 사용합니다. '~게 되었다'로 해석합니다.

-ए* + छ-	~했다 / ~하게 되었다

उसले त्यो काम चाँडै सकाएछ।

그가 그 일을 빨리 끝냈네요.

साथीसँग सँगत गर्दा उसको बानी पनि सिकेछु।

친구와 어울리다 그의 습관도 배우게 되었네요.

TIP

-ए형: 동사 어미로 ए가 쓰인 동사 변형(p.250 부록 <6. 과거형 어미> 참조)

अभिव्यक्ति

17-2

1 다툼

लड्नु	싸우다/넘어지다	झूटो बोल्नु	거짓말하다
झगडा गर्नु	싸우다	ठग्नु	사기치다
चोर्नु	훔치다	गाली गर्नु	나무라다
पिट्नु	때리다	रिसाउनु	화내다

2 감정

चिन्ता लाग्नु	걱정되다	खुसी लाग्नु	기쁘다
डर लाग्नु	무섭다	आनन्द लाग्नु	행복하다
दुःख लाग्नु	슬프다, 속상하다	माया लाग्नु	애틋하다, 아쉽다
छक्क पर्नु	놀라다	न्यास्रो लाग्नु	그립다
अनौठो लाग्नु	어색하다, 이상하다	झ्याउ लाग्नु	지루하다

हामीलाई चिन्ता लाग्यो। 우리는 걱정돼요.

मलाई दुःख लाग्यो। 나는 슬퍼요.

तपाईँलाई खुसी लाग्यो? 당신은 기쁜가요?

3 보안

ताल्चा	자물쇠	खतरा	위험
साँचो	열쇠	सुरक्षा	안전
लक गर्नु	잠그다	दुर्घटना	사고
रक्षा गर्नु	지키다	एक्सिडेन्ट	교통사고

4 고통

दुःख는 아래와 같이 다양한 의미를 전달합니다.

दुःख गर्नु	수고하다	दुःख दिनु	고통스럽게 하다
दुःख हुनु	괴롭다	दुःख लाग्नु	슬프다
दुख्नु	아프다	दुखाउनु	괴롭히다

वास्तविक कुराकानी

17-3

अवस्था 1

상황 도난당한 휴대폰

A: मेरो फोन देख्नुभएन?

B: अघि तपाईँले नै चलाएको देखेको।

A: कहाँ गयो?

B: लौ, तपाईँको झोला काटिएको छ। ला, तपाईँको मोबाइल चोरियो।

A: हो र? मलाई कस्तो दुःख लाग्यो।

A: 내 휴대폰 못 봤어요?

B: 아까 당신이 만지는 것을 봤어요.

A: 어디 갔지?

B: 아이고, 당신의 가방이 찢겼어요. 이런, 당신의 휴대폰이 도둑맞았어요.

A: 그래요? 나는 너무 슬퍼요.

लौ 아이고(감탄사)

अवस्था 2

상황 아이가 운 이유

A: बाबु रोएको जस्तो लाग्यो। के भयो?

B: यो जहिले पनि चकलेट खाने भनेर दुःख दिन्छ।

A: त्यसोभए तपाईँले पिट्नुभयो कि क्या हो?

B: होइन, गाली मात्र गरेको। त्यसपछि रिसाएर रोयो।

A: 아이가 울었던 것 같아요. 무슨 일이에요?

B: 얘는 언제나 사탕을 먹겠다며 저를 힘들게 해요.

A: 그래서 당신이 때리신 건가요, 뭐예요?

B: 아니요, 야단만 쳤어요. 그러고 나서 화가 나 운 거예요.

अवस्था 3

상황 돌풍 부는 날

A: बेस्सरी बतास चल्यो।

B: त्यै त, डर लाग्यो।

A: ला, मैले कौसीमा लुगा सुकाएको बिर्सें। टिपेर आउँछु है।

B: तपाईं जानुपर्दैन। अघि बहिनीले टिपेको देखें।

A: 바람이 심하게 부네요.

B: 그러게요, 무서워요.

A: 이런, 내가 옥상에 빨래를 넌 것을 잊었네요. 걷어서 올게요.

B: 가실 필요 없어요. 좀 전에 여동생이 걷는 것을 봤어요.

बेस्सरी 세게, 심하게

त्यै त 그러게요

अवस्था 4

상황 더워서 문 열어 달라고 부탁하기

A: कत्ति गर्मी छ। ढोका खोलिराख्नुस् न।

B: हस्, दिदी। झ्याल पनि खोलिराख्छु।

A: हुन्छ, हुन्छ। सितल हावा चल्यो।

B: दिदी, खाना पकाइराख्छु। पछि खानुस् न।

A: हुन्छ, धन्यवाद।

A: 너무 더워요. 문을 열어 두세요.

B: 알겠어요, 누님. 창문도 열어 둘게요.

A: 네, 네. 시원한 바람이 부네요.

B: 누님, 밥을 해 놓을게요. 이따가 드세요.

A: 알겠어요, 고마워요.

वाक्य

17-4

1 -इराख्नुस्। ~해 두세요.

खाना पकाइराख्नुस्।
밥을 해 두세요.

नाम लेखिराख्नुस्।
이름을 써 두세요.

नुन हालिराख्नुस्।
소금을 넣어 두세요.

काम लाग्नु 쓸모가 있다

सिकिराख्नुस्। पछि काम लाग्छ।
배워 두세요. 나중에 쓸모가 있어요.

2 -एको देखेँ। ~하는 것을 보았어요.

रोएको देखेँ।
운 것을 보았어요.

फ्रिजमा राखेको देखेँ।
냉장고에 둔 것을 보았어요.

बाटोमा बस चलेको देखेँ।
길에 버스가 다니는 것을 보았어요.

उता झुन्ड्याएको देखेँ।
저기에 거는 것을 보았어요.

3 -ने गर्छु। ~하곤 해요. / ~하곤 할게요.

घरको काम गर्ने गर्छु।
집안일을 하곤 해요.

नयाँ भाषा सिक्ने गर्छु।
새로운 언어를 배우곤 해요.

समय हुँदा पढ्ने गर्छु।
시간이 있을 때 읽곤 할게요.

कहिलेकाहीँ आउने गर्छु।
가끔 오곤 할게요.

4 मैले -एको त बिर्सेछु। 나는 ~한 것을 잊었어요.

मैले यतै छाता राखेको त बिर्सेछु।
나는 여기에 우산을 둔 것을 잊었어요.

मैले पैसा नतिरेको त बिर्सेछु।
나는 돈을 지불하지 않은 것을 잊었어요.

मैले सामान ल्याएको त बिर्सेछु।
나는 물건을 가져왔다는 것을 잊었어요.

मैले तपाईँलाई पहिला भेटेको त बिर्सेछु।
나는 당신을 예전에 만났다는 것을 잊었어요.

अभ्यास

1 다음 네팔어 단어와 의미가 일치하는 한국어 단어를 찾아 선으로 연결하세요.

1	ताल्चा ·	· 싸우다
2	साँचो ·	· 사기치다
3	खतरा ·	· 열쇠
4	दुर्घटना ·	· 자물쇠
5	झगडा गर्नु ·	· 위험
6	चोर्नु ·	· 사고
7	झूटो बोल्नु ·	· 훔치다
8	ठग्नु ·	· 거짓말하다

2 다음 빈칸에 들어갈 알맞은 말을 <보기>에서 골라 문장을 완성하세요.

보기			
आनन्द	खुसी	डर	दु:ख

1 भेटेर ______________ लाग्यो।

만나서 기뻐요.

2 पैसा हराएर ______________ लाग्यो।

돈을 잃어버려서 슬퍼요.

3 मानिसहरूलाई मदत गर्दा ______________ लाग्यो।

사람들을 도와줄 때 행복해요.

4 सर रिसाएको देख्दा ______________ लाग्यो।

선생님이 화내시는 것을 볼 때 무서워요.

③ 다음 빈칸에 들어갈 알맞은 동사를 <보기>에서 골라 해석에 맞게 활용하여 문장을 완성하세요.

보기

आउनु　देख्नु　बिर्सनु　हुनु

1 बाटोमा झगडा भएको ____________?
길에서 싸움이 난 것을 보았어요?

2 कति वटा लिनुभएको ____________?
몇 개를 가지고 왔는지 잊으셨어요?

3 मलाई हिजो भेट्नुभएको याद ____________?
나를 어제 만났다는 것이 기억났어요?

4 बुबा कहाँ जानुभएको थाह ____________?
아버지께서 어디 가셨는지 알아요?

④ 다음 해석에 맞게 문장을 작문하세요.

1 배워 두세요.

____

2 어머니께서 어디 가셨는지 알아요?

____

3 언제든 전화할 수 있으세요.

____

4 벽에 걸어 두세요.

____

5 우산을 잃어버려서 속상해요.

____

पाठ 18

네팔의 풍습

나라에 따라 관습도 다르잖아요.

देशअनुसार चलन पनि फरक हुन्छ नि।

कुराकानी

18-1

शब्दहरू

बित्नु 돌아가시다 / (시간이) 지나다

प्रिन्सिपल 교장

छुट्टै 떨어진, 별도의

अनौठो 이상한

अनुसार ~에 따라

चलन 관습

फरक 다른

मिना: **भुवनले सेतो लुगा र सेतो जुत्ता लगाएर आउनुभयो। उहाँलाई के भयो?**

सन्तोष: **उहाँको बुबा बित्नुभयो नि।**

मिना: **ए, बुबा बित्नुभयो भने छोराले सेतो लुगा लगाउनुपर्छ?**

सन्तोष: **हो नि, अनि मासु र नुन पनि खानु हुँदैन, उहाँले केही दिन हामीसँग खानु पनि हुँदैन।**

मिना: **हो र?**

सन्तोष: **त्यसैले प्रिन्सिपलले उहाँलाई केही दिन छुट्टै कोठामा काम गर्न दिनुभयो।**

मिना: **ए, बुझेँ।**

सन्तोष: **यस्तो कुरा सुनेकोमा तपाईँलाई अनौठो लाग्यो कि?**

मिना: **होइन। देशअनुसार चलन पनि फरक हुन्छ नि। नयाँ कुरा बताइदिनुभएकोमा धन्यवाद।**

미나: 부원이 하얀 옷과 하얀 신발을 신고 왔어요. 그에게 무슨 일이 있나요?

선또스: 부원의 아버지께서 돌아가셨잖아요.

미나: 아, 아버지가 돌아가시면 아들이 하얀색 옷을 입어야 하나요?

선또스: 네, 그리고 고기와 소금도 먹으면 안 돼요, 그는 며칠간 우리와 같이 식사를 하는 것도 안 돼요.

미나: 그래요?

선또스: 그래서 교장이 그를 며칠 동안 별도의 사무실에서 일하게 해주었어요.

미나: 아, 이해했어요.

선또스: 이런 이야기를 들어서 당신은 이상한가요?

미나: 아니에요. 나라에 따라 관습도 다르잖아요. 새로운 것을 알려줘서 감사합니다.

व्याकरण

1 -न दिनु ~하도록 하다 / ~하게 해주다

Aले Bलाई -न दिनु A는 B가 ~하도록 하다 / ~하게 해 주다 (문맥에 따라 A, B는 생략 가능)

तपाईँलाई काम गर्न दिन्छु ।
당신이 일을 하게 해 줄게요.

ड्राइभरले मलाई अगाडिको सिटमा बस्न दिनुभयो ।
운전사는 내가 앞 좌석에 앉게 해 주었어요.

आमाले मलाई चकलेट खान दिनुभयो ।
엄마는 내가 사탕을 먹게 해 주었어요.

2 -नु हुँदैन। ~하면 안 돼요

금지하는 표현으로 3인칭 낮춤에 맞게 동사 활용을 합니다.

देब्रे हातले खाना खानु हुँदैन ।
왼손으로 음식을 먹으면 안 돼요.

नेपालमा अरूको जुठो खानु हुँदैन ।
네팔에서는 다른 사람이 먹던 음식을 먹으면 안 돼요.

नेपालमा गाई काट्नु हुँदैन ।
네팔에서는 소를 도살하면 안 돼요.

जुठो 다른 이가 입을 댄 음식

3 -एकोमा ~한 것에 대해 / ~해서

서술어의 이유, 근거를 말할 때 사용합니다.

-एको* + मा ~한 것에 대해 / ~해서

आमाले गाली गरेकोमा ऊ रिसायो।

엄마가 야단을 쳐서 그는 화를 냈다.

मदत गर्नुभएकोमा धन्यवाद।

도와주셔서 감사합니다.

बुबा बित्नुभएकोमा सबैलाई दुःख लाग्यो।

아버지께서 돌아가신 것에 대해 모든 사람들이 슬퍼했어요.

TIP

-एको형: 동사 어미로 एको가 쓰인 동사 변형(p.250 부록 <6. 과거형 어미> 참조)

4 अनुसार ~에 따라

명사 + **अनुसार** ~에 따라

ठाउँअनुसार मौसम फरक हुन्छ।

장소에 따라 날씨가 달라요.

ऊ आफ्नो इच्छाअनुसार काम गर्छ।

그는 자신의 뜻에 따라 일을 한다.

जातअनुसार विभिन्न उत्सवहरू मनाउँछन्।

민족에 따라서 다양한 명절들을 지킨다.

5 आफू/आफ्नो 자신

1) आफू 자신

आफूलाई सोध्नुस्। 자신에게 물어보세요.

2) आफ्नो 자신의

आफ्नो मान्छे 자신의 사람 / 내 사람

आफ्नो काम 자신의 일

आफ्नो बानी 자신의 습관

अभिव्यक्ति

18-2

1 풍습

संस्कृति	문화	तरिका	방법
चलन	풍습/관습	उत्सव	명절
बानी	습관	दशैं*	더사인
जाति/जात	민족	तिहार*	띠하르
मनाउनु	지키다, 기념하다	होली*	홀리

TIP

दशैं 두르가 여신의 승리를 기념하는 명절입니다. 네팔에서 가장 길고 중요한 명절입니다. 이 기간에는 가축을 잡아 배부르게 고기를 먹는 풍습이 있습니다.

तिहार 부의 여신인 럭시미를 숭배하는 명절입니다. 여자 형제들은 남자 형제들의 이마에 점을 찍어 주며, 밤에는 집집마다 방문하여 노래를 불러 주고 돈을 받습니다. 밤에는 이웃들과 춤을 춥니다.

होली 홀리까라고 하는 악귀를 멸망시킨 것을 기념하는 날입니다. 색을 섞은 물을 서로에게 던지거나 묻히며, 풍선이나 비닐봉지에 물을 넣어 지나가는 사람들에게 던지기도 합니다.

2 행사

जन्मनु	태어나다	दुलहा	신랑
जन्मदिन / बर्थडे	생일	दुलही	신부
स्नातक गर्नु	졸업하다	मर्नु	죽다
बिहे	결혼/결혼식	बित्नु	돌아가시다
बिहे गर्नु	결혼하다	अन्त्येष्टि	장례식
निम्तो दिनु	초대하다	जलाउनु	태우다

3 종교

धर्म	종교	प्रार्थना गर्नु	기도하다
मान्नु	믿다/받아들이다	भगवान्	신
पूजापाठ गर्नु	종교의식을 행하다	मन्दिर	신전
पूजा गर्नु	숭배하다	चर्च	교회
ढोग्नु	절하다	गुम्बा	절
टिका लगाउनु	이마에 점을 찍다	पुजारी	사제

वास्तविक कुराकानी

18-3

अवस्था 1

상황 네팔의 결혼식

A: म नेपाली बिहेमा एकचोटि पनि गएको छैन, नेपालको बिहे कस्तो हुन्छ?

B: दुलहाले दुलहीलाई टिका लगाइदिने, भोज खाने, नाच्ने त्यति नै हो।

A: दुलहीले सेतो लुगा लगाउँछ?

B: हाम्रो चलनअनुसार बिहेमा सेतो लुगा लगाउनु हुँदैन। रातो लुगा लगाउनुपर्छ।

A: हो र? समय कति लाग्छ?

B: खै, जातिअनुसार बिहेको समय फरक हुन्छ।

A: 나는 네팔 결혼식에 한번도 가본 적이 없어요, 네팔의 결혼식은 어떤가요?

B: 신랑이 신부에게 띠까를 찍어 주고, 음식을 먹고, 춤추고 그 정도예요.

A: 신부는 하얀색 옷을 입나요?

B: 우리의 관습에 따르면 결혼식에 하얀색 옷을 입으면 안 돼요. 빨간색 옷을 입어야 해요.

A: 그래요? 시간은 얼마나 걸려요?

B: 글쎄요, 민족에 따라 결혼식 시간이 달라요.

टिका 이마 가운데에 찍는 점

भोज 잔치음식

बेकरी 제과점

केक 케이크

अवस्था 2

상황 네팔의 생일

A: आज मेरो जन्मदिन हो।

B: हो र, बधाई छ। बर्थडे पार्टी गर्नुहुन्न?

A: गर्दिनँ, नेपालमा बर्थडे पार्टी गर्ने चलन छैन।

B: छैन? तर मैले बेकरीमा बर्थडे केक देखेको छु।

A: हो, आजकाल कोहीकोहीले भने पार्टी गर्ने गर्छन्।

A: 오늘은 제 생일이에요.

B: 그렇군요, 축하해요. 생일 파티는 안 해요?

A: 안 해요. 네팔에는 생일 파티를 하는 풍습이 없어요.

B: 없어요? 하지만 나는 제과점에서 생일 케이크를 본 적이 있어요.

A: 맞아요, 요즘 일부 사람들이 파티를 하고는 해요.

अवस्था 3

상황 외국인에게 친절한 네팔 사람

A: तपाईं आफ्नो परिवार छोडेर विदेशमा बस्दा गाह्रो हुन्छ होला।

B: केही गाह्रो छैन। तर मेरो चिन्ता गर्नुभएकोमा धन्यवाद।

A: विदेशी नेपालमा बसेको देख्दा माया लाग्यो नि।

B: तपाईं विदेशीलाई पनि आफ्नो मान्छे जस्तै माया गर्नुहुँदो रहेछ।

A: 당신은 자신의 가족을 떠나 외국에서 지내면 힘들겠어요.

B: 별로 힘들지는 않아요. 하지만 제 걱정을 해주셔서 고맙습니다.

A: 외국인이 네팔에서 지내는 것을 보면 관심이 가잖아요.

B: 당신은 외국인까지도 자기 식구인 것처럼 아끼시네요.

अवस्था 4

상황 네팔의 명절 띠하르

A: तिहारमा तपाईँहरु के गर्नुहुन्छ?

B: पूजा गर्छु। दाजुभाइहरूलाई भेटेर टिका लगाइदिन्छु।

A: तपाईँ पनि राती घरहरूमा गएर पैसा माग्नुहुन्छ?

B: मैले त गर्दिनँ। बच्चाहरूले गर्छन्।

A: 띠하르에 당신들은 무엇을 하세요?

B: 신들을 숭배하고, 남자 형제들을 만나서 띠까를 찍어 줘요.

A: 당신도 저녁에 집집마다 가서 돈을 달라고 해요?

B: 저는 안 해요. 어린 아이들이 해요.

वाक्य

18-4

1 उहाँले मलाई -न दिनुभयो। 그분은 내가 ~하도록/하게 해 주셨어요.

उहाँले मलाई छुट्टी लिन दिनुभयो।
그분은 내가 휴가를 받도록 해 주셨어요.

उहाँले मलाई उहाँको घरमा बस्न दिनुभयो।
그분은 내가 그분의 집에서 지내도록 해 주셨어요.

उहाँले मलाई मोबाइल प्रयोग गर्न दिनुभयो।
그분은 내가 휴대폰을 사용하도록 해 주셨어요.

उहाँले मलाई विदेश जान दिनुभयो।
그분은 내가 외국에 가도록 해 주셨어요.

2 -नु हुँदैन। ~하면 안 돼요.

बिरामीहरूले गोलभेँडा खानु हुँदैन।
환자들은 토마토*를 먹으면 안 돼요.

नेपाल बन्दमा गाडी चलाउनु हुँदैन।
네팔 파업에 차를 운전하면 안 돼요.

यो कुरा अरूलाई भन्नु हुँदैन।
이 이야기를 다른 사람에게 말하면 안 돼요.

झूटो बोल्नु हुँदैन।
거짓말을 하면 안 돼요.

TIP

네팔 의사들은 통풍, 갑상선와 같은 문제가 있는 환자들에게 토마토를 먹지 말라고 권하는 경우가 있으며, 많은 네팔 사람들은 몸이 아플 때 토마토 먹는 것을 피합니다.

3 -एकोमा धन्यवाद। ~해 주셔서 감사합니다.

मदत गर्नुभएकोमा धन्यवाद।
도와주셔서 감사합니다.

समय दिनुभएकोमा धन्यवाद।
시간을 내주셔서 감사합니다.

राम्रो कुरा बताउनुभएकोमा धन्यवाद।
좋은 이야기를 말씀해 주셔서 감사합니다.

मीठो खाना दिनुभएकोमा धन्यवाद।
맛있는 음식을 주셔서 감사합니다.

4 Aअनुसार B फरक हुन्छ। A에 따라 B가 달라요.

ठाउँअनुसार मौसम फरक हुन्छ।
지역에 따라 날씨가 달라요.

जातअनुसार भाषा फरक हुन्छ।
민족에 따라 언어가 달라요.

मान्छेअनुसार बानी फरक हुन्छ।
사람에 따라 습관이 달라요.

संस्कृतिअनुसार बिहे गर्ने तरिका फरक हुन्छ।
문화에 따라 결혼을 하는 방법이 달라요.

अभ्यास

1 다음 네팔어 단어와 의미가 일치하는 한국어 단어를 찾아 선으로 연결하세요.

1 संस्कृति ·	· 민족
2 चलन ·	· 장례식
3 बानी ·	· 결혼
4 जाति ·	· 명절
5 तरिका ·	· 습관
6 उत्सव ·	· 풍습/관습
7 बिहे ·	· 문화
8 अन्त्येष्टि ·	· 방법

2 다음 빈칸에 들어갈 알맞은 말을 <보기>에서 골라 -एकोमा 형태로 활용하여 문장을 완성하세요.

보기

दिनु पाउनु बित्नु बुझ्नु

1 निम्तो ______________ धन्यवाद।

초대해 주셔서 감사합니다.

2 उहाँको बुबा ______________ हाम्रो मन दुख्यो।

아버지가 돌아가셔서 우리의 마음은 아팠어요.

3 बिहेमा बस्न ______________ खुसी लाग्यो।

결혼식에 참석하게 되어서 기뻐요.

4 नयाँ कुरा ______________ राम्रो लाग्यो।

새로운 것을 이해해서 좋은 것 같아요.

3 **다음 빈칸에 들어갈 알맞은 말을 <보기>에서 골라 -नु हुँदैन 형태로 활용하여 문장을 완성하세요.**

보기

गर्नु　　बोल्नु　　ठग्नु　　रिसाउनु

1 आमाबुबालाई झूटो ______________________ ।

부모님에게 거짓말을 하면 안 돼요.

2 साथीसँग झगडा ______________________ ।

친구와 싸우면 안 돼요.

3 आमासित ______________________ ।

엄마에게 화를 내면 안 돼요.

4 विदेशीलाई ______________________ ।

외국인에게 사기를 치면 안 돼요.

4 **다음 해석에 맞게 문장을 작문하세요.**

1 당신이 여기에서 일을 하게 해 줄게요.

____

2 왼손으로 음식을 먹으면 안 돼요.

____

3 도와주셔서 감사합니다.

____

4 나라에 따라 관습이 달라요.

____

पाठ 19

식물과 동물

बाघले हाम्रो कुकुर लगेको थियो।

호랑이가 우리집 개를 잡아 갔었어요.

कुराकानी

19-1

सुनिता: **कुकुरको घर तपाईँले बनाउनुभयो?**

मिनु: **हजुर, घर किन्न खोजेको थिएँ तर राम्रो चाहिँ पाइनँ। त्यसैले आफै बनाएको।**

सुनिता: **तपाईँलाई कुकुर मन पर्छ?**

मिनु: **मलाई सबै जनावर मन पर्छ। नेपालमा कुन कुन जनावर छन्?**

सुनिता: **बाघ, हात्ती, बाँदर छ। बाँदर काठमाण्डौँमा पनि हिँडिरहन्छ नि। देख्नुभएन?**

मिनु: **हो, त्यो त देखेको। जङ्गल गयो भने अरू जनावरहरू देख्न सकिन्छ?**

सुनिता: **सक्न त सकिन्छ।**

मिनु: **तपाईँले बाघ देख्नुभएको छ?**

सुनिता: **देखेको छैन। तर म गाउँमा बस्दा एक दिन बाघले हाम्रो कुकुर लगेको थियो।**

मिनु: **बाघले तपाईँको कुकुर खायो?**

सुनिता: **खान पाएको थिएन। हामीले चिच्याउँदा डराएर भाग्यो।**

शब्दहरू

कुकुर 개
खोज्नु 찾다, 구하다
आफै 스스로, 혼자서
जनावर 동물
बाघ 호랑이
हात्ती 코끼리
बाँदर 원숭이
जङ्गल 정글, 숲
चिच्याउनु 소리지르다
डराउनु 겁먹다
भाग्नु 도망가다

수니따: 개집을 당신이 만드셨어요?

민우: 네, 집을 사려고 했었는데 좋은 것을 못 구했어요. 그래서 제힘으로 만들었어요.

수니따: 당신은 개를 좋아하세요?

민우: 나는 모든 동물을 좋아해요. 네팔에는 어떤 동물이 있어요?

수니따: 호랑이, 코끼리, 원숭이가 있어요. 원숭이는 카트만두에서도 다니고 있잖아요. 보지 못했나요?

민우: 네, 그것은 봤는데요. 정글에 가면 다른 동물들을 볼 수 있나요?

수니따: 볼 수 있기는 해요.

민우: 당신은 호랑이를 본 적이 있어요?

수니따: 본 적은 없어요. 하지만 제가 시골에서 지낼 때 하루는 호랑이가 우리집 개를 잡아 갔었어요.

민우: 호랑이가 당신의 개를 먹었어요?

수니따: 먹지 못했어요. 우리가 소리를 지르니까 겁먹고 도망갔어요.

व्याकरण

1 과거완료

과거완료는 과거보다 더 과거에 있었던 사건을 가리키는 시제로 '~했었다/~았었다'로 해석합니다.

✎ TIP

-एकोफ़: 동사 어미로 एको가 쓰인 동사 변형(p.250 부록 <6. 과거형 어미> 참조)

-एको* + थि- 동사 변화형

हामी पहिला सँगसँगै घुम्न गएका थियौँ।

우리는 예전에 같이 놀러 갔었어요.

अस्ति पर्स हराएको थिएँ। तर हिजो कोठामा पाएँ।

그저께 지갑을 잃어 버렸었어요. 그런데 어제 방에서 찾았어요.

मैले उहाँलाई पहिला भेटेको बेला उहाँले बिहे गर्नुभएको थिएन।

내가 그를 처음 만났을 때 그는 결혼을 하지 않았었다.

2 -इरहेको ~하고 있는 / ~하고 있어요

서술어로 쓰일 경우 주어에 맞는 छ동사의 변화형과 함께 사용됩니다. छ동사를 생략해서 '~했는데'의 의미를 전달할 수도 있습니다.

म त्यतिकै बसिरहेको छु। 나는 그냥 앉아 있어요.

कोठामा बाबु सुतिरहेको छ। 방에서 아이가 자고 있어요.

높임은 -इरहनुभएको 형태로 쓰입니다.

सरले बिहानदेखि सिकाइरहनुभएको छ। 선생님이 아침부터 가르치고 계세요.

명사 앞에서 쓰이면 명사를 꾸며주는 역할을 합니다.

काम गरिरहेको मान्छे कहाँ गयो? 일하고 있던 사람이 어디 갔어요?

3 -न खोज्नु ~하려고 하다 / ~하려 시도하다

मैले धेरै पटक हिमाल चढ्न खोजेको थिएँ तर मौका पाइनँ।

나는 여러 번 히말라야를 등반하려고 했지만 기회가 없었어요.

बच्चाले सधैँ चकलेट खान खोज्छ।

아이가 항상 사탕을 먹으려고 해요.

चिकेन मःम खान खोजेको थिएँ। बफ मःम मात्र रहेछ।

치킨 만두를 먹으려고 했었어요. 물소 고기 만두만 있네요.

4 -न त동사 ~하기는 ~하다

A(-न) + त + A(동사활용)	A 하기는 A 하다

यो बस जान त जान्छ। तर ढिलो जान्छ।

이 버스가 가기는 가요. 하지만 늦게 가요.

खान त खान्छु। तर थोरै मात्र खान्छु।

먹기는 먹을게요. 하지만 조금만 먹을게요.

सिक्न त सिकेँ। तर सबै बिर्सेँ।

배우기는 배웠어요. 하지만 모두 잊어버렸어요.

हुनु동사일 경우 앞 동사로 हुन 대신 छ, हो가 사용됩니다.

छ न त छ। तर थोरै मात्र।

있기는 있어요. 하지만 조금만요.

अभिव्यक्ति

19-2

1 식물

रूख	나무	फूल	꽃
बोट	나무	फुल्नु	피다
जङ्गल	숲	फल	열매
घाँस	풀	फल्नु	맺다

2 동물

बाख्रा	염소	खरायो	토끼
भैँसी	물소	बिरालो	고양이
गाई	암소	मुसा	쥐
हाँस	오리	चरा	새
कुखुरा	닭	कुकुर	개
बाघ	호랑이	हात्ती	코끼리
बाँदर	원숭이	सर्प	뱀
चितुवा	표범	सिंह	사자

वास्तविक कुराकानी

19-3

अवस्था 1

상황 빵집 위치 묻고 답하기

A: यो पाउरोटी कहाँ किन्नुभयो?
B: यो ललितपुरको बेकरीमा किनें। किन होला?
A: मैले यस्तो पाउरोटी किन्न खोजिरहेको थिएँ। तर भेट्टाइनँ।
B: यो जापानिज बेकरी हो नि।
A: ललितपुरको कहाँ निर छ भनिदिनुस् न।
B: होटेल हिमालयबाट अलि भित्र छ। अर्को पटक मसँग जाऔं।

A: 이 빵을 어디에서 샀어요?
B: 이것은 랄릿푸르의 제과점에서 샀어요. 왜요?
A: 나는 이런 빵을 사려고 여러 번 시도했었어요. 하지만 못 찾았어요.
B: 여기는 일본식 제과점이잖아요.
A: 랄릿푸르의 어디쯤에 있는지 말해주세요.
B: 히말라야 호텔에서 조금 안쪽에 있어요. 다음번에 저와 같이 가요.

ललितपुर 랄릿푸르(카트만두 골짜기에 있는 도시)

अवस्था 2

상황 유기견 돌보기

A: यो कुकुर तपाईंको पछिपछि लाग्छ*।
B: हो, मैले यसलाई खानेकुरा दिइरहन्छु। त्यसैले मलाई देख्दा पछिपछि लाग्छ।
A: ए, तपाईंले बाटोको कुकुरलाई पनि हेरचाह गर्नुहुन्छ?
B: यो पनि प्राणी हो नि। त्यसैले धेरै माया लाग्छ।

A: 이 개는 당신의 뒤를 따라가요.
B: 네, 제가 먹을 것을 주고 있어요. 그래서 나를 보면 따라 와요.
A: 아, 당신은 길거리 개도 돌보시나요?
B: 이것도 생명이잖아요. 그래서 불쌍한 마음이 많이 들어요.

पछिपछि लाग्नु 따라가다

हेरचाह गर्नु 돌보다

प्राणी 생명체, 생물

अवस्था 3

상황 음식을 훔쳐간 길거리 원숭이

डुनोट 도넛
च्याप्प 휙
समात्नु 잡다, 쥐다

A: डुनोट किन्न जानुभएको होइन? खै?
B: किन्न त किनें। तर बाटोमा हिँड्दा बाँदरले च्याप्प समातेर भाग्यो।
A: बाँदरले चोरेछ?
B: हो। मलाई पनि यो पहिलो पटक भएको हो। त्यसैले धेरै डर लाग्यो।

A: 도넛을 사러 가셨던 것 아니에요? 어디 있어요?
B: 사기는 샀어요. 하지만 길에서 걷다 원숭이가 휙 잡아채서 도망갔어요.
A: 원숭이가 훔쳐간 거예요?
B: 네. 나도 이번이 처음이에요. 그래서 무척 무서웠어요.

अवस्था 4

상황 정원 가꾸기

बगैंचा 정원, 공원

A: तपाईंले कस्तो राम्रो बगैंचा बनाउनुभयो।
B: अस्ति नै फूलको बिउ किनेर छरेको। बल्ल फुल्यो।
A: धेरै राम्रो। तपाईं फलफूलको रुख चाहिँ रोप्नुहुन्न?
B: रोपेको थिएँ। तर सबै मर्‍यो। फेरि किनेर रोप्छु।

A: 당신은 정말 예쁜 정원을 만드셨네요.
B: 지난번에 꽃씨를 사서 뿌렸는데, 드디어 피었어요.
A: 아주 예뻐요. 당신은 과일나무는 안 심으세요?
B: 심었었지요. 하지만 모두 죽었어요. 다시 사서 심을 거예요.

वाक्य

19-4

1 पहिला -एको थिएँ। 예전에 ~했었어요.

पहिला सुनेको थिएँ।
예전에 들었었어요.

पहिला भेटेको थिएँ।
예전에 만났었어요.

पहिला सिकेको थिएँ।
예전에 배웠었어요.

पहिला गएको थिएँ।
예전에 갔었어요.

2 म/मैले -इरहेको। ~하고 있어요.

म कोठामा बसिरहेको छु।
나는 방에 앉아 있어요.

मैले खाजा बनाइरहेको छु।
나는 간식을 만들고 있어요.

मैले किताब पढिरहेको छु।
나는 책을 읽고 있어요.

मैले टिभी हेरिरहेको छु।
나는 텔레비전을 보고 있어요.

3 म/मैले धेरै पटक -न खोजेको थिएँ। 나는 여러 번 ~하려고 했었어요.

मैले धेरै पटक तपाईँलाई भेट्न खोजेको थिएँ।
나는 여러 번 당신을 만나려고 했었어요.

म धेरै पटक नेपालमा जान खोजेको थिएँ।
나는 여러 번 네팔에 가려고 했었어요.

मैले धेरै पटक नेपाली भाषा बोल्न खोजेको थिएँ।
나는 여러 번 네팔어를 말하려고 했었어요.

मैले धेरै पटक उहाँको कुरा बुझ्न खोजेको थिएँ।
나는 여러 번 그분의 말을 이해하려고 했었어요.

4 -न त -एँ। ~하기는 ~했어요.

तरकारी पकाउन त पकाएँ।
반찬을 만들기는 만들었어요.

सामान ल्याउन त ल्याएँ।
물건을 갖고 오기는 왔어요.

हिमाल देख्न त देखेँ।
히말라야를 보기는 봤어요.

उहाँलाई भेट्न त भेटेँ।
그분을 만나기는 만났어요.

अभ्यास

1 다음 네팔어 단어와 의미가 일치하는 한국어 단어를 찾아 선으로 연결하세요.

1 रूख ·	· 뱀
2 फूल ·	· 새
3 बाख्रा ·	· 꽃
4 बाँदर ·	· 원숭이
5 बिरालो ·	· 염소
6 चरा ·	· 고양이
7 कुकुर ·	· 나무
8 सर्प ·	· 개

2 다음 빈칸에 들어갈 알맞은 동사를 <보기>에서 골라 알맞은 형태로 활용하여 문장을 완성하세요.

보기

किन्नु गर्नु जानु सुत्नु

1 तपाईँसँग कुरा ______ खोजेको थिएँ।
당신과 이야기를 하려고 했었어요.

2 नयाँ डिजाइनको जुत्ता ______ खोजेको थिएँ।
새로운 디자인의 신발을 사려고 했었어요.

3 सुरुको गाडीमा ______ खोजेको थिएँ।
첫 차로 가려고 했었어요.

4 छिट्टै ______ खोजेको थिएँ।
빨리 자려고 했었어요.

3 **다음 빈칸에 들어갈 알맞은 말을 <보기>에서 골라 형태를 바꾸어 문장을 완성하세요.**

보기

गर्नु सिक्नु सुन्नु हुनु

1 राम्रो ________ न त छ।

좋기는 좋아요.

2 काम ________ त गर्छु।

일을 하기는 할게요.

3 ________ त सिक्छु।

배우기는 배울게요.

4 ________ त सुनेँ।

듣기는 들었어요.

4 **다음 해석에 맞게 문장을 작문하세요.**

1 먹기는 먹을게요. 하지만 조금만 먹을게요.

____

2 나는 당신을 예전에 만났었어요.

____

3 방에서 아이가 자고 있어요.

____

4 원숭이는 카트만두에서도 다니고 있어요.

____

पाठ

20 भिसा नभईकन नेपालमा बस्न असम्भव छ।

은행 및 관공서

비자 없이 네팔에서 지내는 것은 불가능해요.

कुराकानी

20-1

सन्तोष: **भिसा थप्नुभयो?**

मिना: **हजुर, थपेँ।**

सन्तोष: **भिसा थप्न गाह्रो हुन्छ कि?**

मिना: **गाह्रो छ नि। तयारी गर्नुपर्ने कागजातहरू थुप्रै छन्। फारम भर्नुपर्छ। अनि अफिस गएपछि फेरि अर्को कागज ल्याउन लगाउँछ। फेरि फर्केर तयारी गर्ने, जाने-आउने, दोहोऱ्याउँदै काम गर्नुपर्छ।**

सन्तोष: **सरकारी काम गर्दा यस्तै हुन्छ। काम दोहोऱ्याउन मात्र लगाउँछ।**

मिना: **तर पनि के गर्ने। भिसा नभईकन नेपालमा बस्न असम्भव छ नि।**

선또스: 비자 연장했어요?

미나: 네, 연장했어요.

선또스: 비자를 연장하기가 어려운가요?

미나: 어렵지요. 준비해야 하는 서류들이 많이 있어요. 양식을 작성해야 해요. 그리고 사무소에 간 후에 다시 다른 서류를 가지고 오라고 시켜요. 다시 돌아와서 준비를 하고 왔다갔다하고 반복하면서 일을 해야 해요.

선또스: 관공서 일을 하면 이렇다니까요. 일을 반복하게만 만들어요.

미나: 그래도 어떡하겠어요. 비자 없이는 네팔에서 지내는 것이 불가능하잖아요.

शब्दहरू

भिसा 비자

थप्नु 연장하다 / 더하다

कागजात 서류

फारम 양식

भर्नु 작성하다

कागज 문서

लगाउनु 시키다

दोहोऱ्याउनु 반복하다

सरकारी 정부

असम्भव 불가능

व्याकरण

1 -न लगाउनु ~하게 하다 / ~하게 시키다

> ✎ TIP
> 현재형일 경우에도 주격 조사 ले를 사용합니다.

Aले* Bलाई -न लगाउनु A는 B가 ~하게 하다 / ~하도록 시키다

उहाँले मलाई आफ्नो अफिसमा काम गर्न लगाउनुभयो।
그분은 내가 자신의 사무실에서 일을 하게 했다.

आमाले छोरालाई ट्याङ्कीमा पानी राख्न लगाउनुभयो।
엄마는 아들이 물탱크에 물을 채우게 시켰다.

तपाईँले मान्छेलाई धारा बनाउन लगाउनुभयो?
당신은 사람을 불러 수도를 고치게 했습니까?

2 न-ईकन ~하지 않고서

> ✎ TIP
> -ईकन형: 동사 어미로 ईकन가 쓰인 동사 변형(p.250 부록 <6. 과거형 어미> 참조); -ईकन형과 같은 의미로 쓰이는 -ई형이 있으나 교재에서는 다루지 않았습니다.

-ईकन형*은 एर와 의미가 같으며, 주로 न와 함께 쓰여 '~하지 않고서'라는 의미를 전달합니다.

भिसा नपाईकन नेपालमा बस्न सक्दैन।
비자를 받지 않고서는 네팔에서 지낼 수 없어요.

पासपोर्ट नभईकन विदेश जान सक्दैन।
여권 없이 외국에 갈 수 없어요.

खाना नखाईकन काम गर्नुभयो?
식사를 하지 않고서 일을 하셨어요?

3 -न असम्भव छ। ~하는 것은 불가능하다.

1) **-न सम्भव छ।** ~하는 것은 가능하다.

यसपालि कोरिया जान सम्भव छ। 이번에 한국에 가는 것은 가능해요.

नेपालमा किम्छी खान सम्भव छ। 네팔에서 김치를 먹는 것은 가능해요.

2) **-न असम्भव छ।** ~하는 것은 불가능하다.

यो मौसममा हिमाल चढ्न असम्भव छ।
이 날씨에 히말라야를 오르는 것은 불가능해요.

पानी पर्दा पौडी खेल्न असम्भव छ।
비가 올 때 수영하는 것은 불가능해요.

4 -दै + 서술어 ~하면서

1) **-दै + 일반동사** ~하면서 ~하다

टिभी हेर्दै खाना खाएँ। 텔레비전을 보면서 밥을 먹었어요.

तपाईँसँग कुरा गर्दै यो काम गर्छु। 당신과 이야기를 하면서 이 일을 할게요.

2) **म -दै गर्छु** 나는 ~하고 있겠다

म खाना बनाउँदै गर्छु, तपाईँ बजार गएर आउनुस्।
내가 음식을 만들고 있겠어요, 당신은 시장에 다녀오세요.

-दै गर्नु/-दै गर्नुस्/दै गर्नुहोस् ~하고 있어라

बस्दै गर्नु, म चिया लिएर आउँछु। 앉아 있으세요, 제가 차를 가지고 올게요.

जाँदै गर्नुस्, म एकछिनमा आउँछु। 가고 있으세요, 제가 금방 올게요.

अभिव्यक्ति

20-2

1 관공서 업무

दर्ता गर्नु	등록하다	कागज	종이, 문서
फारम	양식	पासपोर्ट	여권
फर्म	양식	नागरिकता	주민등록증
भर्नु	(양식을) 작성하다	प्रमाण पत्र	증명서
कागजात	서류	फोटोकपी गर्नु	복사하다

फारम भर्नुहोस्। 양식을 작성하세요.

कागजात तयार भयो? 서류는 준비가 되었나요?

2 관공서

चौकी	경찰서	हुलाक	우체국
बैंक	은행	इमिग्रेशन अफिस	출입국 관리소
सि.डी.ओ	시청/군청	एम्बेसी	대사관
नगरपालिका कार्यालय	주민센터	अदालत	재판소, 법원

3 은행 업무

खाता	계좌	क्रेडिट कार्ड	신용카드
बैंक स्टेटमेंट*	계좌내역서	खाता खोल्नु	계좌를 개설하다
चार्ज	수수료	पैसा राख्नु	입금하다
ब्याज	이자	पैसा झिक्नु	인출하다
ए.टी.यम कार्ड	출금 카드	पैसा निकाल्नु	인출하다

TIP

네팔 은행에서는 통장을 따로 주지 않으며, 신청할 경우 출력된 계좌 입출금 내역을 받을 수 있습니다.

वास्तविक कुराकानी

20-3

अवस्था 1

상황 송금된 돈 인출하기

A: मेरो नाममा कोरियाबाट पठाइएको पैसा झिक्न आएको।
B: तपाईँको पासपोर्टको कपी दिनुहोस् अनि कोड देखाउनुहोस्।
A: पासपोर्ट मात्र ल्याएको छु। कपी गरेको छैन।
B: पासपोर्टको कपी नभईकन पैसा पाउँदैन। त्यसोभए उता पसलमा गएर फोटोकपी गर्नुस्।

A: 내 이름으로 한국에서 보낸 돈을 인출하러 왔어요.
B: 당신의 여권 사본을 주시고 코드를 보여주세요.
A: 여권만 가지고 왔어요. 복사를 안 했어요.
B: 여권 사본 없이는 돈을 받지 못해요. 그러면 저기 가게에 가셔서 복사하세요.

अवस्था 2

상황 여권 소지 여부 확인하기

A: तपाईँ कोरिया फर्किंदा मलाई पनि लैजानु, हुन्छ?
B: हुन्छ। तर तपाईँको पासपोर्ट छ?
A: छैन।
B: पासपोर्ट नभईकन अरु देश जान असम्भव छ नि।

A: 당신이 한국으로 돌아갈 때 나도 데려가세요, 알겠지요?*
B: 그래요. 그런데 당신은 여권이 있어요?
A: 없어요.
B: 여권 없이 다른 나라에 가는 것은 불가능하잖아요.

TIP

네팔 사람들이 농담으로 외국인 들에게 자주하는 표현입니다.

अवस्था ③

상황 휴가 때 한 일 말하기

A: तपाईँ हिजो कहाँ गएर आउनुभयो?

B: मैले बिहे दर्ता गर्न एक दिन बिदा लिएँ।

A: दर्ता गर्न सि.डी.ओ जानुभयो?

B: होइन। आजकाल त्यहाँसम्म जानुपर्दैन। अदालतमा गर्न सकिन्छ।

A: 당신은 어제 어디 갔다가 오셨어요?

B: 나는 혼인 등록을 하러 하루 휴가를 냈어요.

A: 등록을 하러 시청에 가셨나요?

B: 아니요. 요즘은 거기까지 갈 필요가 없어요. 법원에서 할 수 있어요.

अवस्था ④

상황 고장이 난 수도

जाम हुनु 막히다

A: दिदी, हाम्रो कोठाको धारा के भयो? तातो पानी आउँदैन।

B: जाम भयो कि?

A: खै, थाह छैन।

B: म छोरालाई त्यो हेर्न लगाउँछु। एकछिन कोठामा बस्दै गर्नुस् न।

A: 언니, 우리 방에 수도가 어떻게 된 걸까요? 따뜻한 물이 나오지 않아요.

B: 막힌 건가요?

A: 글쎄요, 모르겠어요.

B: 내가 아들에게 살펴보라고 시킬게요. 잠깐 방에 앉아 계세요.

वाक्य

20-4

1 उहाँले मलाई -न लगाउनुभयो। 그분은 내가 ~하게 하셨어요.

उहाँले मलाई भाँडा माझ्न लगाउनुभयो।
그분은 내가 설거지를 하게 하셨어요.

उहाँले मलाई यहाँ काम गर्न लगाउनुभयो।
그분은 내가 여기에서 일을 하게 하셨어요.

उहाँले मलाई दिउँसोको क्लासमा सिकाउन लगाउनुभयो।
그분은 내가 오후 수업을 가르치게 하셨어요.

उहाँले मलाई चिया पकाउन लगाउनुभयो।
그분은 내가 차를 끓이게 하셨어요.

2 न-ईकन ~하지 않고서

आज मुख नधोईकन काममा आएको।
오늘 세수를 하지 않고서 출근했는데요.

टिकट नकाटीकन बस चढ्न सकिँदैन।
표를 끊지 않고서 버스를 탈 수 없어요.

भिसा नपाईकन नेपालमा बस्न सकिँदैन।
비자를 받지 않고서 네팔에서 지낼 수 없어요.

काम नगरीकन तलब पाउँछ त?
일을 하지 않고서 월급을 받겠어요?

3 -न असम्भव छ। ~하는 것은 불가능하다.

नपढीकन जाँच पास हुन असम्भव छ।
공부하지 않고서 시험을 통과하는 것은 불가능하다.

नचिनीकन विश्वास गर्न असम्भव छ।
잘 알지 않고서 믿는 것은 불가능하다.

मलाई बस चढ्दै किताब पढ्न असम्भव छ।
나에게 버스에 타서 책 읽는 것은 불가능하다.

मलाई बिहान छिटो उठ्न असम्भव छ।
나에게 아침에 일찍 일어나는 것은 불가능하다.

4 -दै गर्नुस्। ~하고 있으세요.

जाँदै गर्नुस्।
가고 있으세요.

सिक्दै गर्नुस्।
배우고 있으세요.

बस्दै गर्नुस्।
앉아 있으세요.

खाँदै गर्नुस्।
먹고 있으세요.

अभ्यास

1 다음 네팔어 단어와 의미가 일치하는 한국어 단어를 찾아 선으로 연결하세요.

1 चौकी	·	· 비자
2 बैँक	·	· 증명서
3 कागजात	·	· 대사관
4 एम्बेसी	·	· 경찰서
5 प्रमाण पत्र	·	· 은행
6 भिसा	·	· 서류
7 पासपोर्ट	·	· 여권
8 इमिग्रेशन अफिस	·	· 출입국 관리소

2 다음 빈칸에 들어갈 동사를 <보기>에서 골라 해석에 맞게 활용하여 문장을 완성하세요.

보기

गर्नु फेर्नु बनाउनु माझ्नु लगाउनु

1 सरले हामीलाई क्लास रुम सफा ______________ ।

선생님은 우리가 교실을 청소하게 하셨어요.

2 आमाले छोरीलाई भाँडा ______________ ।

엄마는 딸이 설거지를 하게 했어요.

3 बुबाले छोरालाई बत्ती ______________ ।

아빠는 아들이 전등을 갈게 했어요.

4 घरबेटीले सिकर्मीलाई मेन ढोका ______________ ।

집주인은 기술자가 출입문을 만들도록 했어요.

③ 다음 빈칸에 들어갈 알맞은 동사를 <보기>에서 골라 **न-ईकन** 형태로 활용하여 문장을 완성하세요.

보기

गर्नु　　बोक्नु　　बनाउनु　　हाल्नु

1 होमवर्क ______________ स्कुल गयो।
숙제를 하지 않고서 학교에 갔어요.

2 पैसा ______________ बजार जानुभयो।
돈을 들지 않고서 시장에 가셨어요.

3 नुन ______________ तरकारी पकायो।
소금을 넣지 않고서 반찬을 했어요.

4 गाडी ______________ चलाउनुभयो।
차를 고치지 않고서 운전을 하셨어요.

④ 다음 해석에 맞게 문장을 작문하세요.

1 양식을 작성하세요.

____

2 일을 하게 하셨어요.

____

3 비자를 받지 않고서 네팔에서 지낼 수 없어요.

____

4 이 날씨에 히말라야를 등반하는 것은 불가능해요.

____

[illegible]

- यो भाडाँदो कहाँ किन्नुभयो?
- यो ललितपुरको ठेकीमा किनेको [illegible] होला?
- मैले यस्तो भाडाँदो किन्न खोजिरहेको थिएँ। तर भेटिनँ।
- यो जापानीज बनेको हो कि।
- ललितपुरको कहाँ थिए छ भनिदिनुस् न।
- होटेल हिमालयबाट अलि [illegible]

[illegible]

- यो कुकुर तपाईंको पछिपछि लाग्छ।
- हो, मैले यसलाई खानेकुरा दिइरहन्छु। त्यसैले मलाई देख्दा पछिपछि लाग्छ।
- ए, तपाईंले बाटोको कुकुरलाई पनि हेरचाह गर्नुहुन्छ?
- यो पनि प्राणी हो नि। त्यसैले धेरै माया लाग्छ।

Appendix

부록

1 인칭대명사

인칭	높임	대명사	뜻	비고
1인칭	-	म	나	-
	-	हामी	우리	-
2인칭	낮춤	तँ	너	자녀, 동생, 아이처럼 나이가 어린 대상
	중간	तिमी	너	친구, 연인처럼 친밀하고 격없는 대상
	높임	तपाईं	당신	나이가 많거나 예의를 갖추어야 하는 대상
3인칭	낮춤	ऊ	그	자녀, 동생, 아이, 안면이 없는 대상
		यो	이것	가까운 사물이나 동물, 사람을 낮춰 말할 때
		त्यो	저것	먼 사물, 눈 앞에 보이지 않는 사물이나 동물, 사람을 낮춰 말할 때
	중간	उनी	그	자리에 없는 사람을 가리킴
		यिनी	이이	가까이에 있는 사람을 가리킴
		तिनी	저이	자리에 없거나 멀리 떨어져 있는 사람을 가리킴
	높임	उहाँ/वहाँ	그분	지위가 높거나 존경을 나타내야 하는 대상

2 소유격

인칭	높임	대명사	소유격	뜻
1인칭	-	म	मेरो	나의
	-	हामी	हाम्रो	우리의
2인칭	낮춤	तँ	तेरो	너의
	중간	तिमी	तिम्रो	너의
	높임	तपाईं	तपाईंको	당신의
3인칭	낮춤	ऊ	उसको	그의
		यो	यसको	이것의
		त्यो	त्यसको	저것의
	중간	उनी	उनको	그의
		यिनी	यिनको	이이의
		तिनी	तिनको	저이의
	높임	उहाँ	उहाँको	그분의

3 हुनु 동사의 활용(현재형)

주어 \ 동사형태			छ		हो		हुन्छ	
			긍정	부정	긍정	부정	긍정	부정
1인칭	**म**		छु	छैन	हुँ	होइनँ	हुन्छु	हुँदिनँ
	हामी		छौँ	छैनौँ	हौँ	होइनौँ	हुन्छौँ	हुँदैनौँ
2인칭	낮춤 **तँ**	일반	छस्	छैनस्	होस्	होइनस्	हुन्छस्	हुँदैनस्
		여성	छेस्	छैनस्	होस्	होइनस्	हुन्छेस्	हुँदिनस्
	중간 **तिमी**	일반	छौ	छैनौ	हौ	होइनौ	हुन्छौ	हुँदैनौ
		여성	छ्यौ	छैनौ	हौ	होइनौ	हुन्छ्यौ	हुँदिनौ
	높임	**तपाईं**	हुनुहुन्छ	हुनुहुन्न	हुनुहुन्छ	हुनुहुन्न	हुनुहुन्छ	हुनुहुन्न
3인칭	낮춤	일반	छ	छैन	हो	होइन	हुन्छ	हुँदैन
		여성	छे	छैन	हो	होइन	हुन्छे	हुँदिन
		복수	छन्	छैनन्	हुन्	होइनन्	हुन्छन्	हुँदैनन्
	중간	일반	छन्	छैनन्	हुन्	होइनन्	हुन्छन्	हुँदैनन्
		여성	छिन्	छैनन्	हुन्	होइनन्	हुन्छिन्	हुँदिनन्
		복수	छन्	छैनन्	हुन्	होइनन्	हुन्छन्	हुँदैनन्
	높임	**उहाँ**	हुनुहुन्छ	हुनुहुन्न	हुनुहुन्छ	हुनुहुन्न	हुनुहुन्छ	हुनुहुन्न

4 현재형 어미

주어 \ 동사형태			긍정	부정
1 인칭	**म**		-छु	-दिनँ
	हामी		-छौँ	-दैनौँ
2 인칭	낮춤 **तँ**	일반	-छस्	-दैनस्
		여성	-छेस्	-दिनस्
	중간 **तिमी**	일반	-छौ	-दैनौ
		여성	-छयौ	-दिनौ
	높임	**तपाईं**	-नुहुन्छ	-नुहुन्न
3 인칭	낮춤	일반	-छ	-दैन
		여성	-छे	-दिन
		복수	-छन्	-दैनन्
	중간	일반	-छन्	-दैनन्
		여성	-छिन्	-दिनन्
		복수	-छन्	-दैनन्
	높임	**उहाँ**	-नुहुन्छ	-नुहुन्न

현재형에서의 동사 유형에 따른 동사 활용

- 높임은 동사 기본형에 हुन्छ(긍정) 또는 हुन्न(부정)을 덧붙입니다.
- 높임 외의 격에서는

동사 1형(-◌्नु): नु를 빼고 현재형 어미를 덧붙입니다.

동사 2형(◌ानु/◌िनु) / 3형(-◌नु) / 5형(◌ुनु): 긍정은 नु를 빼고 न्과 현재형 어미를 덧붙입니다.
부정은 नु를 빼고 ◌ँ과 현재형 어미를 덧붙입니다.

동사 4형(-उनु): नु를 빼고 ◌ँ과 현재형 어미를 덧붙입니다.

5 숫자

1	2	3	4	5	6	7	8	9	10
१	२	३	४	५	६	७	८	९	१०
एक	दुई	तीन	चार	पाँच	छ	सात	आठ	नौ	दस
11	12	13	14	15	16	17	18	19	20
११	१२	१३	१४	१५	१६	१७	१८	१९	२०
एघार	बाह्र	तेह्र	चौध	पन्ध्र	सोह्र	सत्र	अठाह्र	उन्नाइस	बिस
21	22	23	24	25	26	27	28	29	30
२१	२२	२३	२४	२५	२६	२७	२८	२९	३०
एक्काइस	बाइस	तेइस	चौबिस	पच्चिस	छब्बिस	सत्ताइस	अट्ठाइस	उनन्तीस	तीस
31	32	33	34	35	36	37	38	39	40
३१	३२	३३	३४	३५	३६	३७	३८	३९	४०
एकतीस	बत्तीस	तेत्तीस	चौँतीस	पैँतीस	छत्तीस	सैँतीस	अठ्तीस	उनन्चालीस	चालीस
41	42	43	44	45	46	47	48	49	50
४१	४२	४३	४४	४५	४६	४७	४८	४९	५०
एकचालीस	बयालीस	त्रिचालीस	चौवालीस	पैँतालीस	छयालीस	सत्चालीस	अठ्चालीस	उनान्चास	पचास
51	52	53	54	55	56	57	58	59	60
५१	५२	५३	५४	५५	५६	५७	५८	५९	६०
एकाउन्न	बाउन्न	त्रिपन्न	चवन्न	पचपन्न	छपन्न	सन्ताउन्न	अन्ठाउन्न	उनान्साठी	साठी
61	62	63	64	65	66	67	68	69	70
६१	६२	६३	६४	६५	६६	६७	६८	६९	७०
एकसट्ठी	बैसट्ठी	त्रिसट्ठी	चौसट्ठी	पैँसट्ठी	छैसट्ठी	सत्सट्ठी	अठ्सट्ठी	उनान्सत्तरी	सत्तरी
71	72	73	74	75	76	77	78	79	80
७१	७२	७३	७४	७५	७६	७७	७८	७९	८०
एकहत्तर	बहत्तर	त्रिहत्तर	चौहत्तर	पचहत्तर	छैहत्तर	सतहत्तर	अठहत्तर	उनान्असी	असी
81	82	83	84	85	86	87	88	89	90
८१	८२	८३	८४	८५	८६	८७	८८	८९	९०
एकासी	बयासी	त्रियासी	चौरासी	पचासी	छयासी	सतासी	अठासी	उनान्नब्बे	नब्बे
91	92	93	94	95	96	97	98	99	100
९१	९२	९३	९४	९५	९६	९७	९८	९९	१००
एकान्नब्बे	बयान्नब्बे	त्रियान्नब्बे	चौरान्नब्बे	पन्चान्नब्बे	छयान्नब्बे	सन्तान्नब्बे	अन्ठान्नब्बे	उनान्नसय	सय

6 과거형 어미

<table>
<tr><th colspan="3" rowspan="2">구분 / 주어</th><th colspan="2">종결어미로 쓰이는 과거형의 어미</th><th colspan="5">절 형태로 쓰이는 과거형의 어미</th></tr>
<tr><th>긍정</th><th>부정</th><th>-ए형</th><th>-एर형</th><th>-एको형</th><th>-इ형</th><th>-ईकन형</th></tr>
<tr><td rowspan="2">1 인칭</td><td colspan="2">म</td><td>-एँ</td><td>-इनँ</td><td rowspan="6">-ए</td><td rowspan="6">-एर</td><td rowspan="6">-एको</td><td rowspan="6">-इ</td><td rowspan="6">-ईकन</td></tr>
<tr><td colspan="2">हामी</td><td>-यौं</td><td>-एनौं</td></tr>
<tr><td rowspan="5">2 인칭</td><td rowspan="2">낮춤 तँ</td><td>일반</td><td>-इस्</td><td>-एनस्</td></tr>
<tr><td>여성</td><td>-इस्</td><td>-इनस्</td></tr>
<tr><td rowspan="2">중간 तिमी</td><td>일반</td><td>-यौ</td><td>-एनौ</td></tr>
<tr><td>여성</td><td>-यौ</td><td>-इनौ</td></tr>
<tr><td>높임</td><td>तपाईं</td><td>-नुभयो</td><td>-नुभएन</td><td>-नुभए</td><td>-नुभएर</td><td>-नुभएको</td><td>-नुभइ</td><td>-नुभईकन</td></tr>
<tr><td rowspan="7">3 인칭</td><td rowspan="3">낮춤</td><td>일반</td><td>-यो</td><td>-एन</td><td rowspan="6">-ए</td><td rowspan="6">-एर</td><td rowspan="6">-एको</td><td rowspan="6">-इ</td><td rowspan="6">-ईकन</td></tr>
<tr><td>여성</td><td>-ई</td><td>-इन</td></tr>
<tr><td>복수</td><td>-ए</td><td>-एनन्</td></tr>
<tr><td rowspan="3">중간</td><td>일반</td><td>-ए</td><td>-एनन्</td></tr>
<tr><td>여성</td><td>-इन्</td><td>-इनन्</td></tr>
<tr><td>복수</td><td>-ए</td><td>-एनन्</td></tr>
<tr><td>높임</td><td>उहाँ</td><td>-नुभयो</td><td>-नुभएन</td><td>-नुभए</td><td>-नुभएर</td><td>-नुभएको</td><td>-नुभइ</td><td>-नुभईकन</td></tr>
</table>

과거형에서의 동사 유형에 따른 동사 활용

- 높임은 नु를 빼고 과거형 어미를 덧붙입니다.
- 높임 외의 격에서는

  동사 1형(-◌्नु) / 2형(◌ानु/◌िनु): नु를 빼고 과거형 어미를 덧붙입니다.

  동사 3형(-◌नु) / 4형(-उनु): अनु/उनु를 빼고 과거형 어미를 덧붙입니다.

  동사 5형(◌ुनु): नु를 빼고 ◌ु를 ◌ो로 바꾼 후 과거형 어미를 덧붙입니다.

  जानु: जा를 ग로 바꾼 후 과거형 어미를 덧붙입니다.

  हुनु: हु를 थि 또는 भ로 바꾼 후 종결어미를 덧붙입니다. 단, 종결어미가 아닌 어미에서는 भ만 사용됩니다.

  예 भएर, भएको, भइ, भईकन

- 절 형태로 쓰이는 과거형의 부정형은 동사 어간 앞에 न를 붙입니다.

해답

पाठ 01

1

1 나
2 당신
3 선생님(남자)
4 그분
5 좋은
6 괜찮은

2

1 잘 지내요.
2 좋아요.
3 괜찮아요.

3

1 छु
2 हुनुहुन्छ
3 छैन

4

1 नमस्ते
2 ठीक छ
3 स्वागत छ

पाठ 02

1

1 हो
2 हुँ
3 हुनुहुन्छ
4 हुनुहुन्छ

2

1 मेरो
2 हाम्रो
3 तपाईंको
4 उहाँको

3

1 तपाईं नेपाली हुनुहुन्छ?
2 होइन, म कोरियन हुँ।
3 तपाईंको नाम के हो?
4 मेरो नाम सरिता हो।

पाठ 03

1

1 कोठा
2 पसल
3 ट्वाइलेट

2

१, २, ३, ४, ५, ६, ७, ८, ९, १०

3

1 भाइ
2 आमाबुबा
3 छोराछोरी

4

1 मेरो मोबाइल कहाँ छ?
2 मसँग छैन। / मसित छैन।
3 यो तपाईंको मोबाइल हो?

पाठ 04

1

1 만두
2 식사
3 볶음면
4 정식
5 탄산음료
6 간식
7 쌀밥

2

1 तातो
2 गर्मी
3 चिसो
4 न्यानो

3

1 चिनी 설탕은 달다.
2 खुर्सानी 고추는 맵다.
3 नुन 소금은 짜다.
4 कागती 레몬은 시다.

4

1 लिनुहोस्
2 सुन्नुहोस्
3 दिनुहोस्
4 हेर्नुहोस्

पाठ 05

1

1 일요일
2 화요일
3 월요일
4 토요일
5 수요일
6 목요일
7 금요일

2

बिहान → **दिउँसो** → **साँझ** → **बेलुका** → **राती**

3

1 अथवा
2 र
3 त्यसोभए
4 तर

4

1 हरेक दिन
2 प्रायजसो
3 कहिलेकाहीँ
4 सधैँ

पाठ 06

1

1 포크
2 세제
3 이불
4 숟가락
5 시계
6 우산
7 비누

2

1 एउटा
2 दुइटा
3 तीनटा
4 चार वटा

3

1 4320
2 1209
3 520
4 1350

4

1 जाने
2 नजाने
3 पिउने
4 पिउने

पाठ 07

1

1 표
2 터미널
3 매표소
4 좌석
5 차
6 버스
7 비행기
8 요금/월세

2

1 छिटो
2 ढिलो
3 टाढा
4 नजिक
5 छोटो

3

1 थियो, भयो
2 थियो, भयो

4

1 पोखरासम्म कति समय लाग्छ?
2 यो भन्दा त्यो राम्रो छ।
3 एक जनाको कति हो?
4 यो बस कति बजे जान्छ?
5 सिट छ?

पाठ 08

1

1 देख्नु
2 काट्नु
3 चढ्नु
4 चलाउनु
5 डुल्नु
6 लिनु
7 बुकिङ गर्नु

2

1 अहिले, पछि
2 भोलि
3 हिजो
4 आज

3

1 एकदम
2 अलि
3 साँच्चै
4 धेरै

4

1 A: तपाईं हिजो कहाँ जानुभयो?
B: म ठमेल गएँ।
2 A: ठमेलमा के गर्नुभयो?
B: कोरियन खाना खाएँ।

पाठ 09

1

1 운동하다 2 달리다
3 놀다 4 축구하다
5 수영하다 6 춤추다
7 노래를 부르다 8 이야기하다

2

1 खाऔँ 2 पिऔँ
3 खेलौँ 4 गरौँ

3

1 बज्यो 2 सवा
3 साढे 4 पौने

4

1 अहिले कति बज्यो?
2 हामी सँगै जाऔँ।
3 मलाई बस्न मन लाग्यो।
4 किम्छी थाह छ?
5 मलाई फिल्म हेर्न मन पर्छ।

पाठ 10

1

1 바지 2 슬리퍼
3 모자 4 안경
5 스카프 6 장갑
7 양말 8 신발

2

1 रातो, पहेँलो 2 सेतो, कालो
3 निलो 4 हरियो

3

1 चाहन्छु 2 हुन्छ
3 लाग्यो 4 दिन्छु
5 सक्नुहुन्छ

4

1 तपाईं मासु खान सक्नुहुन्छ?
2 टोपी किनिदिनुहोस्।
3 म अहिले आराम गर्न चाहन्छु।
4 मैले भोलि फोन गरे पनि हुन्छ?
5 यो राम्रो लाग्यो।

पाठ 11

1

1 मौसम 2 पानी
3 पानी 4 घाम
5 बादल 6 हिउँ
7 हावा

2

1 लगाएर 2 पिएर
3 बसेर 4 सुनेर

3

1 परेपछि 2 पिएपछि
3 गाएपछि 4 फेरेपछि

4

1 आराम गरेर राम्रो भयो।
2 पैसा तिरेपछि खानुहोस्।
3 घाम लाग्यो।
4 पानी पऱ्यो।
5 तपाईंसँग कुरा गर्न रमाइलो छ।

पाठ 12

1

1 가르치다 2 묻다
3 배우다 4 읽다/공부하다
5 쓰다 6 기억하다
7 잊다 8 이해하다

2

1 पढ्दै छु 2 गर्दै छु
3 सिक्दै छु 4 पढाउँदै छु

3

1 दा खेरी 2 आउँछ
3 ए तापनि 4 को लागि

4

1 म गाडी चलाउँदै छु।
2 हिमाल चढ्नको लागि नेपाल आएँ।
3 गाह्रो भए पनि(भएता पनि) गर्छु।
4 तपाईंलाई कोरियन भाषा आउँछ?
5 स्कुल जाँदा अङ्ग्रेजी सिकेँ।

पाठ 13

1

1 건강 2 약
3 병원 4 약국
5 보건소 6 병

2

1 काट्यो 2 घोच्यो
3 सुन्नियो 4 भाँचियो

3

1 रुघा 2 ज्वरो
3 खोकी 4 सिँगान

4

1 राम्रोसँग जानुहोस्।
2 ज्वरो आयो अनि टाउको पनि दुख्यो।
3 पुरै निको हुनेगरि आराम गर्नुस्।
4 मैले अब काम गर्नुपर्छ।
5 मलाई रुघा लाग्यो।

पाठ 14

1

1 장판 2 커튼
3 침대 4 옷장
5 탁자 6 의자
7 책상 8 냉장고

2

1 सुनिन्छ 2 पाइन्छ
3 देखिन्छ 4 चाहिन्छ

3

1 जानुभएको छ 2 हेर्नुभएको छ
3 सुनेको छैन 4 भएको छैनँ

4

1 पानी पऱ्यो भने म जाँदिनँ।
2 यहाँ दूध पाइन्छ?
3 केटाकेटीलाई स्कुल चाहिन्छ।
4 तपाईं कोरिया जानुभएको छ?
5 म कोरिया गएको छैनँ।

पाठ 15

1

1 청소하다 2 옷을 빨다
3 옷을 말리다 4 음식을 하다
5 끓이다 6 고치다/만들다
7 고장나다

2

1 माझेको 2 गरेको
3 सिलाएको 4 बनाएको

3

1 परेकोले 2 गरेकोले
3 खेलेकोले 4 परेकोले
5 सिकेकोले

4

1 भर्खरै खाना खाएको।
2 कोरियामा बसेको बेला उहाँलाई भेटेँ।
3 बिदा भएकोले आराम गर्छु।
4 कोही पनि आएको छैन।
5 म कहीँ पनि जाँदिनँ।

पाठ 16

1

1 과일 2 사과
3 수박 4 파파야
5 망고 6 바나나
7 오렌지

2

1 जो, पनि 2 जहाँ, पनि
3 जे, पनि 4 जुन, पनि

3

1 बसेको 2 चलाएको
3 गरेको 4 भएको

4

1 जे पनि खान सक्छु।
2 मैले नेपाली सिक्न पाएँ।
3 भोलि नेपाल बन्द हुन्छ जस्तो लाग्यो।
4 राम्रो रहेछ।

पाठ 17

1

1 자물쇠 2 열쇠
3 위험 4 사고
5 싸우다 6 훔치다
7 거짓말하다 8 사기치다

2

1 खुसी 2 दुःख
3 आनन्द 4 डर

3

1 देख्नुभयो 2 बिर्सनुभयो
3 आयो 4 छ

4

1 सिकिराख्नुस्।
2 आमा कता जानुभएको थाह छ?
3 जहिले पनि फोन गर्न सक्नुहुन्छ।
4 भित्तामा झुन्ड्याइराख्नु।
5 छाता हराएर दुःख लाग्यो।

पाठ 18

1

1 문화 2 풍습/관습
3 습관 4 민족
5 방법 6 명절
7 결혼 8 장례식

2

1 दिनुभएकोमा 2 बिल्नुभएकोमा
3 पाएकोमा 4 बुझेकोमा

3

1 बोल्नु हुँदैन 2 गर्नु हुँदैन
3 रिसाउनु हुँदैन 4 ठग्नु हुँदैन

4

1 तपाईंलाई यहाँ काम गर्न दिन्छु।
2 देब्रे हातले खाना खानु हुँदैन।
3 मदत गर्नुभएकोमा धन्यवाद।
4 देशअनुसार चलन फरक हुन्छ।

पाठ 19

1

1 나무 2 꽃
3 염소 4 원숭이
5 고양이 6 새
7 개 8 뱀

2

1 गर्न 2 किन्न
3 जान 4 सुत्न

3

1 छ 2 गर्न
3 सिक्न 4 सुन्न

4

1 खान त खान्छु। तर थोरै मात्र खान्छु।
2 मैले तपाईंलाई पहिला भेटेको थिएँ।
3 कोठामा बाबु सुतिरहेको छ।
4 बाँदर काठमाण्डौंमा पनि हिँडिरहेको छ।

पाठ 20

1

1 경찰서 2 은행
3 서류 4 대사관
5 증명서 6 비자
7 여권 8 출입국 관리소

2

1 गर्न लगाउनुभयो 2 माझ्न लगाउनुभयो
3 फेर्न लगाउनुभयो 4 बनाउन लगाउनुभयो

3

1 नगरीकन 2 नबोकीकन
3 नहालीकन 4 नबनाईकन

4

1 फारम भर्नुहोस्।
2 काम गर्न लगाउनुभयो।
3 भिसा नपाईकन नेपालमा बस्न सकिँदैन।
4 यो मौसममा हिमाल चढ्न असम्भव छ।

출판사, 저자, 강사, 독자가 공존하기 위한 문예림 정책
평등한 기회와 공정한 정책으로
올바른 출판문화를 이끌도록 하겠습니다.

저 자

1 도서의 판매부수에 따라 인세를 정산하지 않습니다.

우리는 도서 판매여부와 관계없이 초판, 증쇄 발행 후 30일 이내 일괄 지급합니다. 보다 좋은 콘텐츠 연구에 집중해주십시오. 판매보고는 반기별로, 중쇄 계획은 인쇄 60일 전 안내합니다.

2 도서 계약은 매절로 진행하지 않습니다.

매절계약은 불합리한 계약방식입니다. 이러한 방식은 저자들의 집필 의욕을 저해시키며, 결국에는 생존력 짧은 도서로 전락하고 맙니다.

3 판매량을 기준으로 절판하지 않습니다.

판매량에 따라 지속 판매 여부를 결정하지 않으며 전문성, 영속성, 희소성을 기준으로 합니다.

강 사

1 동영상강의 콘텐츠 계약은 매절로 진행하지 않습니다.

우리는 강사님의 소중한 강의를 일괄 취득하는 행위는 하지 않으며, 반기별 판매보고 후 정산합니다.

2 유료 동영상강의 인세는 콘텐츠 순 매출액의 20%를 지급합니다.(자사 사이트 기준)

우리는 가르침의 의미를 소중히 알며, 강사와 공존을 위하여 업계 최고 조건으로 진행합니다.

3 판매량에 따라 동영상강의 서비스를 중단하지 않습니다.

판매량에 따라 서비스 제공 여부를 결정하지 않으며 지속가능한 의미가 있다면 유지합니다. 전문성, 영속성, 희소성을 기준으로 합니다.

독자 및 학습자

1 도서는 제작부수에 따라 정가를 정합니다.

적절한 정가는 저자가 지속적인 연구할 수 있는 기반이 되며, 이를 통해 독자와 학습자에게 전문성 있는 다양한 콘텐츠로 보답할 것입니다.

2 도서 관련 음원(MP3)은 회원가입 없이 무료제공됩니다.

원어민 음원은 어학학습에 반드시 필요한 부분으로 아무런 제약 없이 자유롭게 제공합니다. 회원가입을 하시면 보다 많은 서비스와 정보를 얻으실 수 있습니다.

3 모든 콘텐츠는 책을 기반으로 합니다.

우리의 모든 콘텐츠는 책에서부터 시작합니다. 필요한 언어를 보다 다양한 콘텐츠로 제공하도록 하겠습니다.